NISAはオルカン・S&Pだけで大丈夫？

と思ったら読む

9マス分散式投資術

川畑明美

はじめに

2024年にNISA制度が新しくなり、投資を始める方が多くなりました。

投資コーチである私が開催するセミナーにも、そうした方の参加が増えています。

そのセミナーで、よく聞かれる質問があります。

「S&P500がいいですか？　それともオルカン（オール・カントリー）がいいですか？」

多分、人気ランキングやユーチューブ動画で、それらが推奨されているのを見たのでしょう。今、とても人気の投資信託ですよね。

そんな質問に対して、私はこう答えます。

「どちらも良い商品ですが、それ1つだけ買うのは危険です」

なぜなら、それがどんなに素晴らしい商品であっても、お金を1つの商品に集中させてしまうと、何か起きた時にその影響をもろに受けてしまうからです。

実際、2024年8月に米国株式の暴落が起きた時のことを覚えていらっしゃる方もいるでしょう。この時は、S&P500もオルカンも大きく値を下げ、これらを購入していた投資初心者の方の悲鳴が聞こえてきました。

勘違いしないでほしいのですが、これはＳ＆Ｐ５００やオルカンが危険な商品だということではありません。そうではなく「Ｓ＆Ｐ５００やオルカンしか買っていなかった」という買い方が悪かったのです。

もしＳ＆Ｐ５００やオルカンと組み合わせて、性質の違う別の商品も買っていれば、米国株暴落の影響が抑えられて、そこまで大きなダメージにはならなかったはずです。

そのように複数の商品を組み合わせて買うことを、投資の世界では「分散投資」と言います。この本は、その分散投資によって安心安全に資産を増やしていく「９マス分散式メソッド」をご紹介する本です。

とりあえずＮＩＳＡでＳ＆Ｐ５００やオール・カントリーを買ってみたけれど、去年の米国株暴落で不安になった……と言う方には、ぜひ読んでいただきたい内容となっています。

なんだかちょっと難しそうだな、と感じましたか？

でも、大丈夫です。

なぜなら、9マス分散式メソッドはもともと投資の素人だった私が編み出した方法だから。誰でも、簡単に真似できます。

今でこそFP資格も取り、お金の専門家を名乗っている私ですが、もともとは短大の家政科出身で、金融や投資とはまったく無縁な生活を送っていました。お恥ずかしい話ですが、その頃の私は毎月6万円もの赤字家計でも「夫婦共働きで、それなりの世帯年収があるから」と気にしないほどでした。世間一般に比べても、お金に対して無頓着な方だったと思います。

ところが、長女が3歳くらいの時に「私立中学に行きたい」といいだしたのです。そこで可愛い娘のため、と私立中学、高校、大学の学費と受験のための費用、そして学習塾の費用まで調べ上げた私は、愕然としました。

「このままではどう考えても、お金が足りない！」

家にある資産をすべて書き出して、貯蓄性のある保険の詳細も調べ上げ、何度計算しても700万円くらいの赤字になるのです。

「これじゃ娘の夢を叶えてあげられない！」

そこではじめてお金のこと、そして投資に、真剣に向き合ったのです。

それはかなりの冒険でした。万が一、投資に失敗してお金を減らしてしまったら、娘がせっかく頑張って勉強して入試に合格しても、学費が出せずに進学させられなくなってしまいます。

そんな事態は避けたいですから、いかにリスクを抑えつつ着実にお金を増やしていくか、とことん調べたり勉強したりしました。そしてたどり着いたのが、古代ユダヤの教えにヒントを得た、９マス分散式メソッドだったのです。

ユダヤ人は、世界で起こる不幸を一番先に予知し、一番最後に幸福を知る人々だと言われています。古代ユダヤの教えには、想定外の出来事に対して柔軟に対処する術を身につけるための知恵がたくさんあります。そこには、リスクをいかにコントロールすればいいか、シンプルですが奥深い教えが記されていました。

９マス分散式メソッドは、そうしたユダヤの教えにヒントを得て生まれた「リスクをコントロールすることで、お金を減らさずに増やすための方法」です。

私はこのメソッドを使うことで、たった6年で約1000万円の資金を2000万円まで増やし、無事に娘の夢を叶えることができました。

そして「このメソッドを、以前の私と同じように将来のお金に困っている方や不安に感じている方にも教えたい！」と考え、今の仕事を始めたのです。

今では、私のセミナーを受講した方も3000人以上になっています。そのほとんどは、以前の私と同じく普通の主婦の方ですが、みなさん9マス分散式メソッドを活用して、安全性を保ちつつ資産を増やせたとご報告いただいています。

さあ、次はあなたの番です。

投資には確かにリスクがありますが、それをコントロールする方法もあります。そして、その方法はこの本に書いてあるのです。

すぐにページをめくって、お金に困らない一生を手に入れてください。

2025年3月

川畑明美

第1章

お金に困らない一生を手に入れるために

第2章 安全・確実に資産を増やす9マス分散メソッド

第3章 投資を始める前に確認すること

第4章 タイプ別9マスのマス目の選び方

第5章 投資信託を買い進めるために必要な知識

第6章 NISAを徹底活用！つみたて投資枠と成長投資枠の使い方

第7章 リターンを最大化するための知識とメンテナンス

第1章

お金に困らない一生を手に入れるために

そもそも、投資するとはどういうことでしょうか？濡れ手で粟のギャンブルのように考えている方もいますが、この本で目指すのは「安心して人生を過ごすための着実な資産運用」です。この章では、そのような投資をするために基本となる考え方を学びましょう。

1 なぜ投資する必要があるのですか？

幸せな人生を送るためには、お金を正しく使うことが大切

よく「お金で幸せは買えない」と言います。

ところがハーバード大学の心理学者ダニエル・ギルバート氏は、それがほぼ間違いだと論文で述べています。その論文のタイトルは、こうです。

『お金があなたを幸せにしないのなら、あなたは恐らくそれを正しく使っていない』

つまり幸せになりたいなら、お金を正しく使うことが大切なのです。しかし、多くの人がお金の仕組みを理解していないために、その使い方を間違っています。

実際、ここ数年の物価高騰で生活が苦しくなったと実感している方は多いのではないでしょうか？　これは物価が上昇しているにもかかわらず、お金を預金でしか運用していないからです。残念ながら預金の金利では、物価上昇に追いつきません。

例えば総務省の小売物価統計調査によると、コシヒカリ5キロの東京都区部での店頭小売価格は2023年12月に2386円だったのが、1年後の2024年12月には4018円になっています。つまり1年間で1632円、約68％も値上がりしています。

これに対して、銀行の普通預金の金利は2024年12月現在で0・1％。2386円預けたとして、1年後に受け取れる利子は約2・38円です。コシヒカリの値上がり分にはとうてい追いついていません。

つまり、お金を預金口座に置いておくと、1年前には買えたはずのコシヒカリが買えなくなってしまうわけです。これは言い方を変えると「預金口座に置いておくと、（相対的に）お金の価値が目減りしてしまう」ということになります。これは明らかに、間違ったお金の使い方です。

物価の上昇に備えるには投資が必要

では、物価の上昇に負けないようにお金を増やすには、どうしたらいいのでしょうか？

それは、投資を家計に取り入れることです。労働の対価として得た大事なお金の価値を目減りさせないためにも、正しく運用しましょう。既に、あなたの周りでも投資を始める方が増えているのではないでしょうか。

投資と聞くと「ずっと預貯金しかやってこなかったのに、今さら投資を始めるなんて不安」という年配の方も多いのですが、私は何歳からでも投資にチャレンジした方がいいと思っています。

もちろん、現役世代とリタイア世代では、リスクの取り方は違ってきます。投資で万一失敗した時に働いてリカバリーできないリタイア世代は、それに適した方法で運用しなければなりません。

それでも、預金だけでは物価上昇に勝てない今、やはりリタイア世代であっても家計に投資を取り入れる必要はあるのです。寿命よりもお金の方が先に尽きてしまっては、悲しい老後になってしまいますからね。

働いて収入を増やすだけでは限界がある

なお「投資なんかしなくても、収入をアップさせれば物価に負けない」と言う人もいるのですが、話はそう単純ではありません。

なぜなら、収入アップ＝手取りアップではないからです。日本の税制は累進課税方式なので、収入が上がれば税率も上がり、さらに社会保険料の負担も増えます。収入がアップしても、手取りはそれほど増えない仕組みになっているのです。そんな仕組みの中で物価に負けないほど収入を上げられる人は、そう多くはいないのではないでしょうか。

それでも多少なりとも収入が上がるならまだマシな方で、新型コロナが大流行した時のように、思わぬ理由で会社の業績が大幅に悪化して、賃金カットされるかもしれません。働いて得る収入（勤労所得）だけに頼り切るのは、やはり危険なのです。

もちろん勤労所得はすべてのお金の流れの源になる大切なものですが、それだけでは足りません。お金に困らないためには、「所得」「貯蓄」「投資」「節約」の4つの核を中心としたサイクルを回すことが必要です。

すなわち、最初は勤労所得から節約をして、貯蓄できるようにします。そしてある程度貯蓄できたら、そのお金を投資に回すことで、働かずに得る不労所得をあなたの所得に加えるのです。このサイクルを回していくことで、ようやく、お金に困らない

■資産を増やす４つの核のサイクル

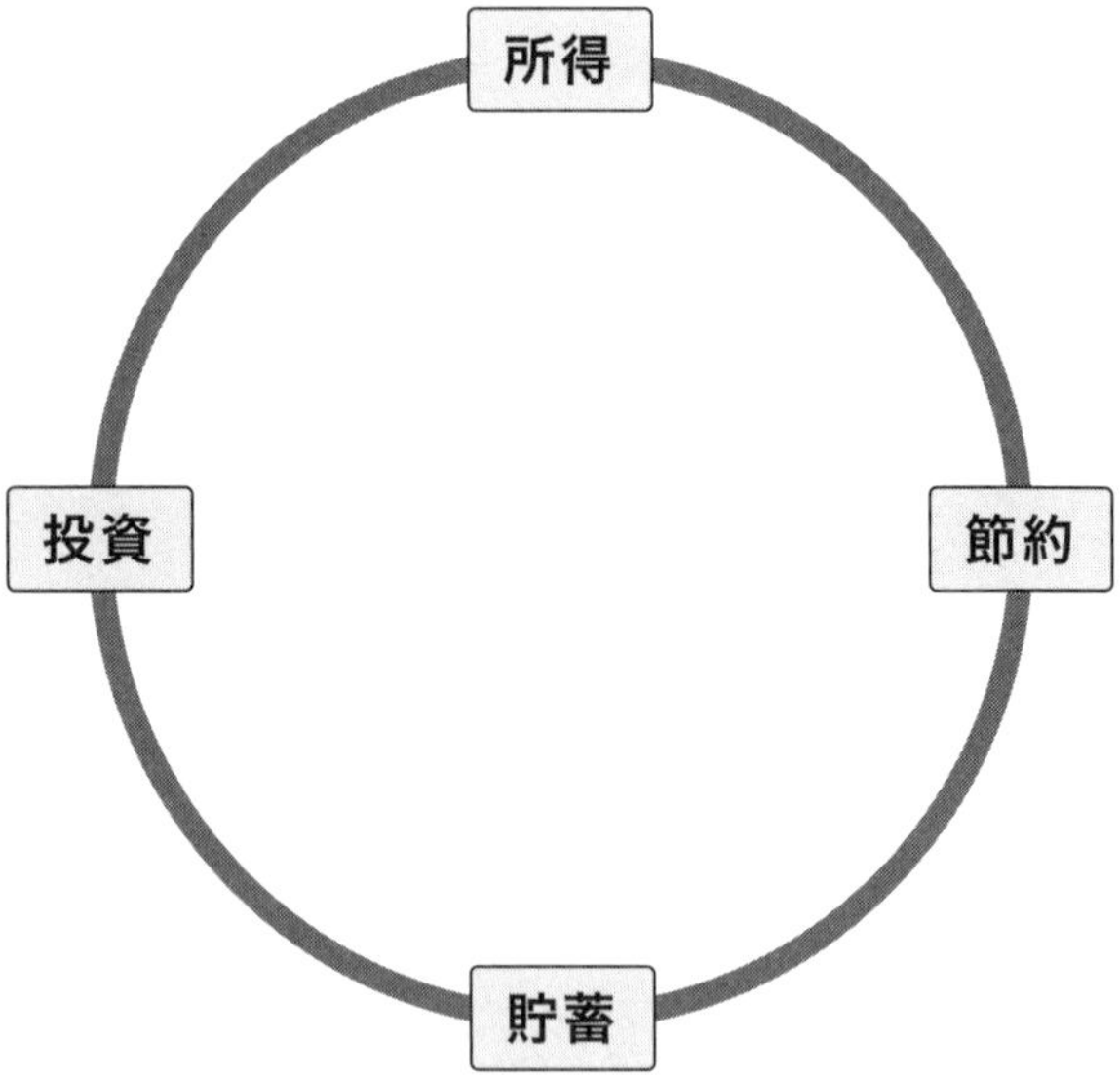

安定した生活を手に入れられる可能性が出てくるのです。

2 投資って怖くないですか？

投資とは「お金を増やすスタートラインに立つ」こと

「投資が必要」とお話すると「でも投資って、損することもあるんですよね」と言われることがあります。

確かに、それは事実です。例えば１００万円で株式を買ったとして、１年後にそれが値上がりして１１０万円になっていることもあれば、逆に株価が下がって90万円になってしまう可能性もあります。

投資の世界に「絶対」ということは、残念ながらありません。投資したら必ず増えるということではなく、どちらかと言うと「お金が減るかもしれないが、お金を増やすスタートラインに立つ」というのが、投資するということです。

お金が減るかもしれないと聞くと「そんな危険なものにお金を投じることはできな

い」と感じてしまうかもしれません。

しかし先ほどご説明したように、預金の金利では物価の上昇に追いつきませんので、リスクを取ってでも投資・資産運用をしなければ、お金はほとんど増えません。

そこで大切になるのが「リスクをコントロールする」という考え方です。

投資のリスクはコントロールできる

投資はギャンブルのようなものと思っている方もいますが、投資とギャンブルが大きく違うところは、リスクをコントロールできる点です。

ギャンブルというのは、基本的に運任せです。宝くじがその典型ですが、勝つか負けるか、自分でコントロールできる部分はほぼありません。

これに対して投資は、やり方さえ間違えなければ、かなりの部分をコントロールできます。運の要素がまったくないとは言いませんが、どのくらいのリスクを取るか、自分の意志で決められるのです。つまり、必要なリスクは取るにしても、それ以上のリスクを取ることは避けられます。

もちろん、そのためにはリスクのコントロール方法を学ぶ必要がありますが、それはこれからたっぷりお伝えしますので、安心してくださいね。

損失の可能性ばかりを見て立ち止まっていては、いつまでたってもリスクのコントロール方法は身につきません。豊かになる人はリスクの裏にあるリターンを十分に理解して投資をスタートしています。

リスクをコントロールするということは、お金をコントロールするということであり、ひいては人生をコントロールすることにも繋がります。あなたもリスクのコントロール方法を学んで、お金に困らない一生を手に入れましょう。

3 投資を始めるには大金が必要じゃないですか？

資金が大きければ利益も大きくなるが……

「投資を始めるには、ある程度の資金が必要じゃないんですか？」というのも、投資をオススメした際によく聞かれる質問です。

確かに、投資に回せる資金が大きければ有利ではあります。

例えば年利10％で増える金融商品があったとします。100万円の資金で投資できれば、1年で10万円の利益を手にできます。でも資金が1万円だったら1000円、資金が3000円だったら300円です。投資できる資金が多ければ利益も大きくなりますが、資金が少なければ、当然ですが利益

■投資額と利益の関係

投資額	リターン	増えたお金
1,000,000円	10%	100,000円
10,000円	10%	1,000円
3,000円	10%	300円

も少なくなります。

そういう意味では「投資に回せる資金がある程度あった方が望ましい」とは言えるでしょう。

少額の積立投資から始めれば問題はない

ただし、今、投資に回せる資金があまりなかったとしても、諦める必要はありません。理由は2つあります。

1つは、以前に比べて少額から買える金融商品が増えたことです。例えば投資信託なら最低1万円から買えるものや、中には100円から買えるものも出てきました。

そしてもう1つは、たとえ今はまとまった資金がなかったとしても、少しずつ積立で購入していくという方法があることです。例えば月に1万円の積立投資をしたら、1年で12万円、10年で120万円、30年で360万円の投資ができることになります。そして、仮にこの月1万円の積立投資を30年間、年平均6%のリターンで続けたとしたら、なんと1000万円以上の資産が築けるのです。これなら、現時点での資金の少なさをそこまで悲観する必要はありませんよね。

さらに見逃せないのが、この積立投資という方法には、リスクを抑えリターンを安定させる効果があると言うことです。積立投資については後ほど第5章で詳しくご説明しますが、これも立派なリスクのコントロール方法の1つと言えます。

つまり、たとえ今まとまった資金を手にしていたとしても、それを一括して投資するより、小分けに積立投資した方がいいのです。そう考えると、資金の少なさを理由に投資を諦める必要はないと、私は思います。

4 とりあえず人気のS&P500やオルカンを買っておけばいいですよね？

S&P500やオルカン「だけ」ではダメ

「投資をしましょう」という話をすると、最近はよく、こんなことを言われたりします。

「あ、知ってます。S&P500かオルカンっていう投資信託を買えばいいんですよね？」

S&P500というのは、本来はS&Pダウ・ジョーンズ・インデックス社が算出している「スタンダード・アンド・プアーズ500種指数」のことですが、この場合は、そのS&P500に連動するように米国株式で運用されている投資信託を指します。

また、オルカンとは「オール・カントリー」の略で、こちらは米国や日本を含む先進国と新興国の株式で運用される投資信託です。

確かにＳ＆Ｐ５００もオルカンも、投資初心者にはオススメできる商品だと思います。実際に人気も高いですし、これを読んでいる方の中にも既に購入している方がいらっしゃるのではないでしょうか。

ただし、投資する金額にもよりますが、Ｓ＆Ｐ５００かオルカン「だけ」というのはオススメできません。なぜかと言うと、投資のリスクを抑えるには、複数の資産に分散して投資する「分散投資」が基本となるからです。これも大切な、リスクのコントロール方法の１つとなります。

古代ユダヤの説話が教える「分散」の大切さ

この分散投資という考え方は、実は起源をたどると約１５００年以上前からユダヤ民族に伝わる、ある説話に行き着きます。簡単にまとめると、こんな説話です。


ある日、ユダヤ人の母親が子どもに、鶏小屋に卵を取りに行くよう頼みました。

すると子どもは、両手にいっぱいの卵を抱えて運んできました。

それを見た母親は、子どもに注意しました。
「もし途中で転んだら卵は全部ダメになってしまうわよ。全部ダメにしないためにはどうすればいい？」
次の日、子どもは二度に分けて卵を運んできました。

一度のアクシデントで卵をすべてダメにしてしまわないように、何度かに分ける（分散する）ことでリスクを抑えましょう、という教えです。この考え方が、今でも「卵は１つの籠に盛るな」ということわざとして、投資の世界に生き続けています。

ユダヤ系の人たちが長きにわたって迫害されながらも世界のあらゆる地域で生き残り続けたのは、このようなリスク管理の知恵に長けていたからなのかもしれませんね。

「ユダヤ人は大金持ちで成功者が多い」というイメージを持っている方も少なくないと思いますが、歴史的に振り返ってみても、ユダヤ人には多くの成功者がいます。発明家のエジソン、相対性理論で有名な物理学者のアインシュタインなどはユダヤ系ですし、企業で言えばマイクロソフトやスターバックス、アルファベット（グーグルの親会社）、メタ（旧フェイスブック）など、多くの有名企業がユダヤ系です。そのような成功者が多いのも、こうした知恵のおかげかもしれません。

S&P500もオルカンも十分な分散にはならない

この「卵は1つの籠に盛るな」ということわざの意味が理解できれば、S&P500やオルカン「だけ」に投資することのリスクを理解できるはずです。

S&P500は米国株式のみで運用されますので、米国株式という1つの籠に卵を盛ることになってしまいます。

一方、オルカンは米国株式だけでなく日本やその他の先進国、さらには新興国の株式にも投資するので一見、リスク分散できているように感じます。しかし、実はオルカンでも、その資産の63・8％が米国株式で運用されているのです。新興国の株式は、わずか10％に過ぎません（いずれも2024年7月時点）。

つまり、S&P500よりは多少分散されているとはいっても、オルカン「だけ」でもほとんど米国株式への集中投資になっているのです。

例えばS&P500とオルカンに1万円ずつ投資したとします。すると、米国株式

■S＆P500とオルカンの米国株式の比率

	米国株の割合	米国以外の割合	1万円投資した場合の米国株金額	1万円投資した場合の米国以外の株の金額
オルカン	63.8%	36.2%	6,380円	3,620円
S&P500	100%	0%	1万円	0円

の占める金額はＳ＆Ｐ５００が１万円、オルカンが６３８０円です。オルカンの残り３６２０円は他国の株式ですが、そのうち新興国株式には１０００円しか資金が回りません。

これでは分散の効果は少ないと、私は思います。

米国株式も、いつ暴落するかわからない

過去のリターンを見れば、米国株式は力強く上昇をしてきましたから、米国株式に集中投資するリスクにピンとこない方もいらっしゃるかもしれません。投資を始めたばかりの初心者ほど、資産のすべてをリターンの高い商品に集中したくなるものです。

しかし、株価の上昇というのは、永遠に続くものではありません。２０２０年のコロナショックのように株価が大暴落することは、必ずあります。特に大きな理由がなくても、

2024年の8月にも暴落が起きました。

米国株式の過去の暴落下落率を見てみると、ひどい時には45%以上の値下がりをしているケースもあります。100万円投資していた人は55万円に、1000万円投資していたら550万円に、あっという間に資産が減ってしまったわけです。

それだけでも恐ろしいことですが、さらに怖いのが、株価の暴落というのはいつ起こるのか予測が付かないということです。金融のプロと言われている方でもわかりません。

だからこそ、ユダヤの知恵を借りて、「一度のアクシデントで卵をすべてダメにしてしまわないように」投資先を分散しておくことが大切なのです（具体的な分散投資の方法については、第2章や第4章で詳しくご説明します）。

■株式の過去の暴落下落率

	下落要因	何年	前日比％
1位	リーマンショック	2008年	-45.40%
2位	ITバブル	2001年	-44.32%
3位	コロナショック	2020年	-29.53%
4位	ブラックマンデー	1987年	-20.47%
5位	チャイナ・ショック	2016年	-6.33%

5 定期的に分配金が受け取れる投資信託に興味があるのですが、どうでしょうか？

分配金が受け取れる投資信託と、そうでないものがある

一口に「投資する」と言っても、株式や債券など、世の中には様々な金融商品がありますが、初心者がまず購入するなら投資信託になると思います。先ほど名前を挙げたS&P500やオルカンも、投資信託ですね。

前節では「投資のリスクを抑えるには分散することが大切だ」とお伝えしましたが、株式や債券の個別銘柄を購入する場合は、十分に分散するために莫大な資金が必要になります。投資信託ならば比較的手頃な価格で十分に分散できますので、やはり、この本でも初心者には投資信託をオススメします。

さて、その投資信託ですが、定期的に分配金が出るタイプと、分配金が出ないタイプがあります。さらに、分配金が出るタイプの中には、そのまま分配金を受け取る「受

取型」と、分配金で自動的にその投資信託を買い増す「再投資型」があり、どちらかを選択することができます。

つまり、実際に分配金を受け取れるのは受取型だけです。分配金が出ないタイプと再投資型は、実質的には同じようなもので、その投資信託を売却するまで利益を手にできません。そのため「利益がいつまでも確定しないと不安なので、着実に分配金を受け取れる受取型の方がいいですよね？」と質問されることも、よくあります。

複利の効果を活かせる再投資型がオススメ

結論から申し上げると、私は分配型よりも、再投資型（分配金が出ないタイプも含む）をオススメします。複利の効果を活かして、より利益を大きくできるからです。

複利というのは、利息の計算方法の１つですね。運用で得た利益を元本にプラスして再投資し、その合計金額を元に利益を得る方法です。これに対して利益を再投資せず、当初の元本の金額のまま運用して利益を得る方法を、単利と言います。

投資信託は単利の金融商品ではありませんが、わかりやすいように、次の２つの場合で考えてみましょう。

①再投資型の投資信託を１万円購入し価格が変動せず、毎年10％の分配金が出た場合

この場合、資産は複利で増えていきます。

具体的には、まず、購入してから1年目に10％の分配金が出るので、資産は元本1万円＋分配金1０００円＝1万1０００円になります。２年目は、この1万1０００円に対して10％の分配金が出るので、資産は1万1０００円＋1１００円＝1万2１００円となります。

このように、毎年得られた分配金を元本に加えて運用し、その10％の分配金が出るとして計算していくと、10年後の資産額は約2万5９３７円となります。

②分配型の投資信託を１万円購入し価格が変動せず、毎年10％の分配金が出て、その分配金を受け取った場合

この場合、資産は単利で増えていきます。

具体的には、まず、購入してから1年後に10％、つまり1０００円の分配金が出ます。ここまでは①と同じですが、この1０００円の利益は分配金として受け取るので、2年目の元本は1万円のままとなります。したがって2年目の分配金も、1万円の

10％である1000円のままです。

このように毎年1000円ずつ分配金を受け取っていくと、10年間で受け取る分配金の合計額は1万円となり、それに元本の1万円を合わせて資産額は2万円となります。

いかがでしょうか。同じように毎年10％の分配金が出ても、複利か単利かで、これだけの差が出るのです。ユダヤ人で著名な物理学者アインシュタインは「複利は人類による最大の発明だ」と言ったそうですが、確かにその通りで、複利の活用は資産を着実に増やしていくための基本的な考え方と言えます。

毎月分配型はNISAでも対象外

もちろん、実際には投資信託の価格は一定ではなく、その年の運用実績によって変動します。年10％という分配金もかなり高めです。さらに、分配型であってもその年の利益がすべて分配金になるわけではないので、単純な単利にはなりません。先ほどの計算は、あくまでわかりやすいように単純化したものです。

それでも基本的な考え方は同じで、分配型より再投資型の方が複利の効果が強く働きます。つまり投資で効率的に資産を増やしたいなら、分配型は不利で、再投資型が有利なのです。

特に、毎月分配金が支払われる「毎月分配型」と呼ばれるタイプの投資信託は、一部の方に人気があるものの、こうした投資効率の観点からオススメできません。ＮＩＳＡでも、毎月分配型の投資信託はふさわしくないとして、対象外となっています（ＮＩＳＡについては、第6章で詳しくご説明します）。

複利の効果は、投資期間が長いほど大きくなる

そして、もう一つ覚えておいてほしいのが「複利の効果は、投資期間が長いほど大きくなる」ということです。

次ページの図は、毎月１万円を30年間積立したＡさんと、毎月６万円を5年間積立したＢさんの複利の効果を、年率リターンごとに計算したものです。細く長く積立しているＡさんと、太く短く積立しているＢさんの違いはありますが、自分の懐から出した元本は、どちらも累計３６０万円となります。

年率リターンがＡさんＢさん共に０％の場合は、そもそも複利の効果が働きません

から、2人の資産額に差は出ません。

ところが、年率リターンが共に1％あると、Aさんと Bさんの運用結果には50万円ほどの金額の差が出てしまいます。同じ元本360万円を複利1％で運用したのに、です。Aさんは、時間の力で複利の効果をより大きくできたのです。

1％複利のAさんの運用結果である約420万円に追いつくためには、Bさんは6％複利で運用しなければなりません。それでやっと運用結果が約419万円となります。

もちろん年平均6％の運用は不可能ではありませんが、年平均1％でいいAさんと比べると、どちらが簡単かは明らかですよね。リスクを抑えつつ複利の効果でリターンを大きくするためには、時間を味方に付けることが大切だと言うことです。

■複利と時間の関係

年率リターン	積立者	積立月額	運用期間	評価額	差額
0％	Aさん	1万円	30年	360万円	0円
	Bさん	6万円	5年	360万円	
1％	Aさん	1万円	30年	419万6,282円	50万6,339円
	Bさん	6万円	5年	368万9,943円	
6％	Aさん	1万円	30年	1,004万5,150円	585万8,948円
	Bさん	6万円	5年	418万6,202円	

6 今から投資を始めて間に合うでしょうか？

投資を始める時期は早いほどいい

前節で「複利の効果でリターンを大きくするためには、時間を味方に付けることが大切」とお伝えしました。つまり、投資する期間は長いほどいいということです。一般に数年～数十年の期間で投資を行うことを「長期投資」と呼びますが、複利の効果を享受するには、最低でも5～10年は投資を続けてほしいと私は思っています。

そういう意味では、投資を始める時期は早ければ早いほどいいということになります。それだけ長期の投資をできるからです。

例えば30年間の長期投資ができれば、多くの人が願うであろう「引退するまでにお金持ちになりたい！」という夢も比較的容易に叶えることができます。

仮に30年間、毎月5万円の積立投資をして、年平均7％のリターンで運用できれば約6100万円に増やすことができるのです。

野村総合研究所のニュースリリースによる分類では、金融資産保有額が3000万円以上でアッパーマス層、5000万円以上で準富裕層、1億円以上で富裕層、5億円以上で超富裕層となっていますから、準富裕層の仲間入りですね。毎月5万円ということは、例えば、ご夫婦でイデコに2万3000円ずつと、NISAに4000円の積立投資をすればOKということになりますから、そこまで難しい条件ではないでしょう。

ただ、もし毎月5万円が厳しいのであれば、毎月2万円でもいいと思います。ご夫婦2人でイデコを1万円ずつ、合計2万円の積立投資をして30年間、年平均7%で運用できれば約

■毎月5万円を30年間平均7%のリターンで運用した場合

非課税口座	金額	利回り	30年後	合計
イデコ	2万3,000円×夫婦2人	7%	約5,612万円	約6,100万円
NISA	4,000円	7%	約488万円	

■毎月2万円を30年間平均7%で運用した場合

口座	金額	利回り・年数	金額	合計
イデコ	1万円×夫婦2人	7%　30年	約2,440万円	約3,646万円
貯金	10万円	0.1%　10年	1,206万円	

２４４０万円になります。さらに子育てが終わって余裕ができてから10年間、毎月10万円を貯金すれば、合計で約３６４６万円。めでたくアッパーマス層となります。

長期投資を始めるのに遅過ぎるということはない

さて、このような長期投資のお話をすると、50代後半の方から次のような質問をいただくことがあります。

「私はあと5年で定年ですから、長期投資は間に合いませんよね？」

いえいえ、そんなことはありません。まず、定年までに5年間の積立投資ができますよね。そして、ここからが重要なのですが、定年を迎えても年金と退職金がありますから、積立してきた投資信託は、何も定年直後に売却する必要はないはずです。年金生活になったら積立を続けるのは難しいかもしれませんが、必要になるまで売却せずにしばらく保有し続けることはできるでしょう。これも立派な長期投資です。

例えば定年までの5年間、月３万円の積立投資をして年平均７％で運用したとすると約２１５万円の資産ができます（元本は１８０万円です）。そこで積立を中止すると、元本はそれ以上に増えませんが、その投資信託を売却せず保有し続ける限り、年平均7%の運用は続くのです。仮に定年後15年間保有を続けたとすると、資産は複利の効果で約593万円まで増えます。

もちろん、これは1つのモデルケースに過ぎませんが、少なくとも現役世代であれば、長期投資を始めるのに遅過ぎるということはないと、私は思います。

長期投資は収益を安定化させる手法でもある

なお、長期投資には複利の効果を享受できるという以外に、別の効果もあります。41~42ページの図は、過去の実績に基づいて、5年間投資した場合と20年間投資した場合における元本割れの確率を示した金融庁の資料です。5年間の投資では、マイナス8%から14%までリターンにかなりばらつきがあります。一方20年の投資では、年率2~8%の間にリターンがまとまっています。つまり、長期投資にはリスクを低減させ、リターンを安定化させる効果もあるのです。

もちろん、この資料は過去のデータに基づいたものなので、これからの未来のリターンが必ずそうなるというものではありません。それでも、長期投資の効果が実際のデータで証明されているという事実は、大いに参考になると私は思います。

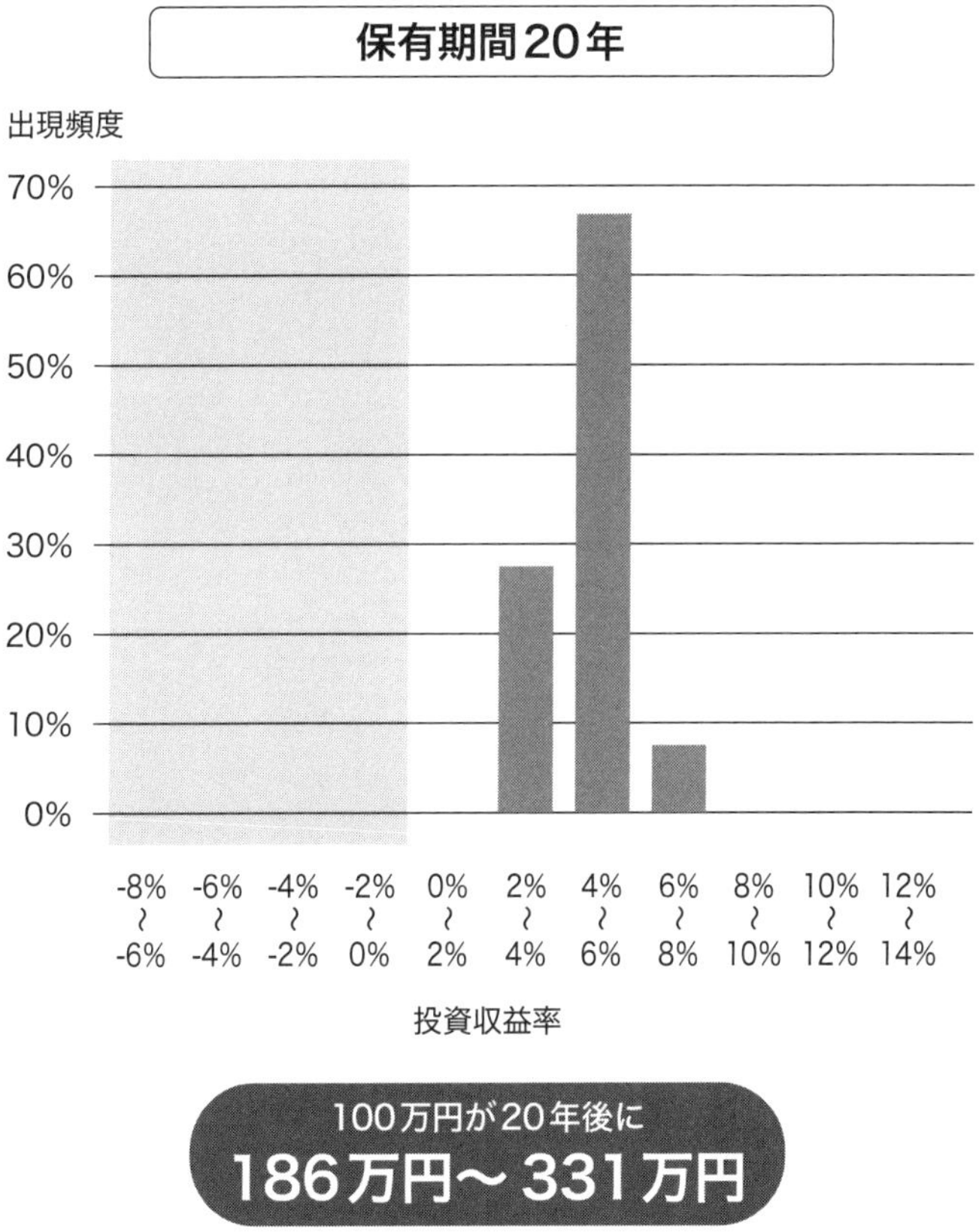

100万円が20年後に
186万円〜331万円

※日本株式：TOPIX配当込み株式指数
日本債券：BPI総合インデックス
海外株式：MSCIコクサイインデックス（円換算ベース）
海外債券：FTSE世界国債インデックス（除く日本、円ベース）

■長期投資の運用成果

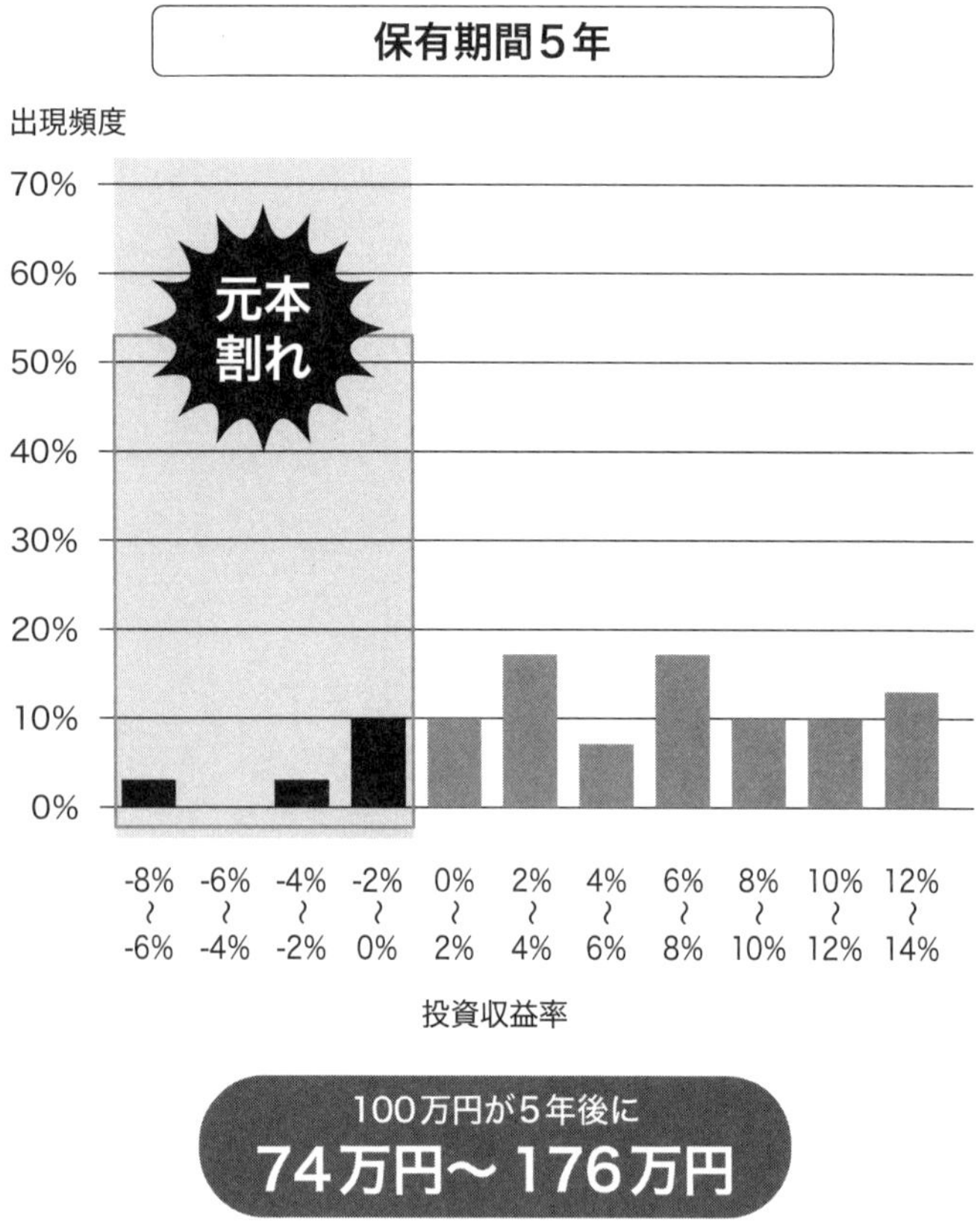

※積立投資期間は各年1月〜12月の1年間です。
※年間収益率：資産運用で得られた1年あたりの利益率

※出典：金融庁
（https://www.fsa.go.jp/policy/nisa2/about/nisa2024/guidebook_202307.pdf）

7 リターンのランキング上位の投資信託を選べば安心ですよね？

投資の世界では「リターンが大きい＝リスクが大きい」

証券会社のホームページや、投資情報サイトなどを見ると、投資信託をリターンが高い順に並べたランキング表が載っていることがあります。投資初心者の中には、こうしたランキング表を見て「この上位の投資信託を選べば間違いがないだろう」と考える方も多いのではないでしょうか？　私も、ランキング表を見せられて「この投資信託はどうですか？」と聞かれることがよくあります。

確かに、そうしたランキング表の上位を見ると、驚くような高リターンが示されていて、本書でご説明しているような「年３％とか７％の利率でコツコツ長期投資しましょう」という主張がバカらしく感じるかもしれませんね。

ただし、ちょっと待ってください。リターンが高いことだけに注目して投資信託を選んでしまうと、思わぬリスクを抱えることになります。

なぜなら、投資の世界ではリスクとリターンは比例するものだからです。より正確に言えば、投資の世界では、リスクというのはマイナスに振れるだけではなく、プラスに振れることも含めた「変動幅」のことを指します。その変動幅がプラスに振れた場合にリターンが大きくなるわけですから、「リターンが大きい＝リスクが大きい」と言うことなのです。つまり、リターンが大きい投資信託は、それだけ大きなマイナスを出す可能性もあるのです。

リターンを追い求めるより、リスクを必要最小限に抑えるのが大切

わかりやすいように、例えば次の2つを比べて考えてみましょう。

- 投資信託A……ある年の対前年1年率リターンがマイナス40％、その翌年はプラス50％
- 投資信託B……ある年の対前年1年率リターンがマイナス10％、その翌年はプラス20％

この２つの投資信託、実は２年間の平均リターンを計算してみると同じ５％です。投資信託Ａは（－40％＋50％）÷２＝５％、投資信託Ｂは（－10％＋20％）÷２＝５％ですね。

ただし先ほどご説明した通り、投資信託Ａの方が変動幅が大きいので、リスクが高くなっています。具体的に、それぞれの投資信託に元本１００万円を投資したとして計算してみましょう。

投資信託Ａの場合、１年目は１００万円がマイナス40％減って60万円になります。その60万円が２年目にはプラス50％されて90万円となります。２年後の最終損益はマイナス10万円です。

一方、投資信託Ｂは、１年目にマイナス10％減って90万円になり、２年目は90万円にプラス20％で１０８万円になります。２年後の最終損益はプラス８万円です。

２年間の平均リターンは同じはずなのに、実際は最終損益に差が出てしまいました。これがリスク＝変動幅の恐ろしさです。投資信託のリターンランキングは、たいてい過去１年間の年利リターンでランク付けされていますが、そうした目先のリター

■投資信託Aと投資信託Bの比較

		元本	1年	2年	最終損益
投資信託A	1年率リターン		▲40%	50%	5%(平均)
	時価評価額	100万円	60万円	90万円	▲10万円
投資信託B	1年率リターン		▲10%	20%	5%(平均)
	時価評価額	100万円	90万円	108万円	8万円

※▲はマイナスを表わす

ンの高さに惑わされてしまうと、このようなワナにはまってしまう危険性があります。

もちろん投資ではリスクを取らなければリターンも得られませんから、必要以上にリスクを怖がることはありません。しかし、過剰にリターンを追い求めることもないのです。

大切なのは、あなたが求めるリターンを得るために必要な最低限のリスクを取ること。そのために、分散投資や長期投資といったリスク低減効果のある手法を活用し、着実に運用していくことをオススメします。

第2章

安全・確実に資産を増やす 9マス分散メソッド

安全に、かつ確実に資産を増やしていくためには、株式や債券など1つの商品に集中して投資するよりも、様々な商品に分散して長期投資することが大切です。この章では、世界にある資産を9つに分けて考える「9マス分散式メソッド」について説明します。

1 分散が大切と聞きましたが、どうやって分散したらいいですか？

リーマンショックで体験した「資産の分散」の大切さ

第1章で説明した通り、資産運用とは安全性（リスク）と収益性（リターン）の落としどころを見極める作業です。決して収益だけを追い求めることではありません。

そのためには、資産を分散することが大事になります。そのことを、私は2008年のリーマンショックの時に、自らの体験をもって学びました。

投資を始めた当初、私はパートナーと一緒に1年間コツコツ貯金したお金の運用先を、銀行の資産運用相談会で相談したことがあります。その時に勧められたのが「インド株の投資信託」と「新興国の債券の投資信託」です。

そこでインド株の投資信託を50万円、新興国の債券の投資信託を400万円、それぞれ一括で購入しました。その半年後、インド株は急上昇して70万円くらいに増えました。

ところが、直後にリーマンショックが起こったのです。株価は一転、大暴落しました。

インド株は大きく値下がりして17万円程度になってしまいました。70万円がみるみる値下がりしていくのは、とても恐ろしく感じたものです。

新興国の債券も、もちろん値下がりしました。インド株ほどは値下がりしませんでしたが、それでも４００万円がリーマンショック後は３００万円くらいになっていました。

これはかなりのショックでした。

ただ、時間がたつにつれ、興味深いことにも気づきました。株と債券で、その後の価格の戻り方が違ったのです。

新興国の債券は2年程度で、購入価格の４００万円に近付いてきました。

一方、インド株は2年後に少し戻ってはいましたが、それでも購入時の半額程度の25万円くらいだったのです。結局、購入した価格に戻ったのは10年後でした。

つまり、同じ新興国の投資信託でも株は10年、債券は2年と、元に戻る期間が違ったのです。

資産を3種類に分散するユダヤの教え「財産三分法」

ここで注目してほしいのは「株より債券が安全」ということではありません。購入している資産によって、価格の変動の幅や期間が違ったということです。

株と債券の値動きが異なっていたから、資産全体が長期間マイナスになってしまうのを避けることができたのです。

私は、この体験から資産を分散することの重要性を認識しました。資産を分散しておけば、大きな経済ショックが起こっても、資産全体におよぶリスクを抑え、安定したリターンを期待することができます。

そこで私が参考にしたのが、ユダヤの大富豪がその子孫に伝えていると言われる、古くからある「財産三分法」の教えです。これは、手持ちの資産を「預貯金（債券）」「株式」「不動産」の3種類に分散し、政治や経済の状況によって持ち分の比率を調整する、というものです。

景気がいい時は株価が勢いよく上がりますが、景気が悪い時や有事の際には株価は下がり、値動きのない預金がもっとも使える資産となります。そこで資産を分散して持つことで、「リスクの回避」と「運用の効率性」を確保するという考え方です。

さらに地域の分散も考えたのが「9マス分散式メソッド」

さらに私は、この財産三分法が教える「資産の分散」に加えて、「地域の分散」も考えました。具体的には「日本」「海外の先進国」「海外の新興国」の3つの地域に分散するのです。

すると、3つの資産と3つの地域を掛け合わせるので、全部で9種類に分散できることになります。これが「9マス分散式メソッド」です。

ちなみに、このようにいくつかの種類の資産を組み合わせることを、投資の世界では「ポートフォリオを組む」と言います。どのような資産をどのように組み合わせればリスクを回避しつつ、運用を効率化できるか、投資のプロはそれぞれ工夫を凝らしており、9マス分散式メソッドもそうしたポートフォリオの組み方の1つなのです。

実際、私はこの9つの資産を意識して分散し、積立で投資信託を購入しただけで、たった6年で2000万円貯めることができました。そしてその後も投資を続け、不動産、債券、株式などの現物資産も保有することができ、現在は金融資産だけで1億円以上、不動産も2棟のアパートと23区内に戸建てを保有しています。

9マスに資産を分散することで、リスクをコントロールしながら着実にお金を増やすことができたのです。

■9マス分散式メソッド

	債券	不動産	株式
国内	①	②	③
海外 先進国	④	⑤	⑥
海外 新興国	⑦	⑧	⑨

9マスの数字が若い順番、つまり①の資産がもっともリスクが少なく、数字が大きくなるほどリスクは高くなるが、リターンも高くなっていく

2 一括と積立、どちらが安全ですか？

分散投資には3つの分散がある

投資には必ずリスクが伴います。リスクと聞くと怖くなってしまうかもしれませんね。そのリスクを抑えることが分散投資の目的です。

そして分散投資の方法には、前節で説明した「資産の分散」と「地域の分散」に加えて、「時間の分散」もあります。ここでまとめておきましょう。

・資産の分散

1つの資産だけに偏らずに、債券・不動産・株式に分散することです。債券と不動産と株式では、同じ要因に対してそれぞれ値動きが異なります。これらに分散することで、大きな市場の変動があっても一定の値動きに偏らず、資産を大きく減らすことを避けることができます。

■分散投資の3つの分散

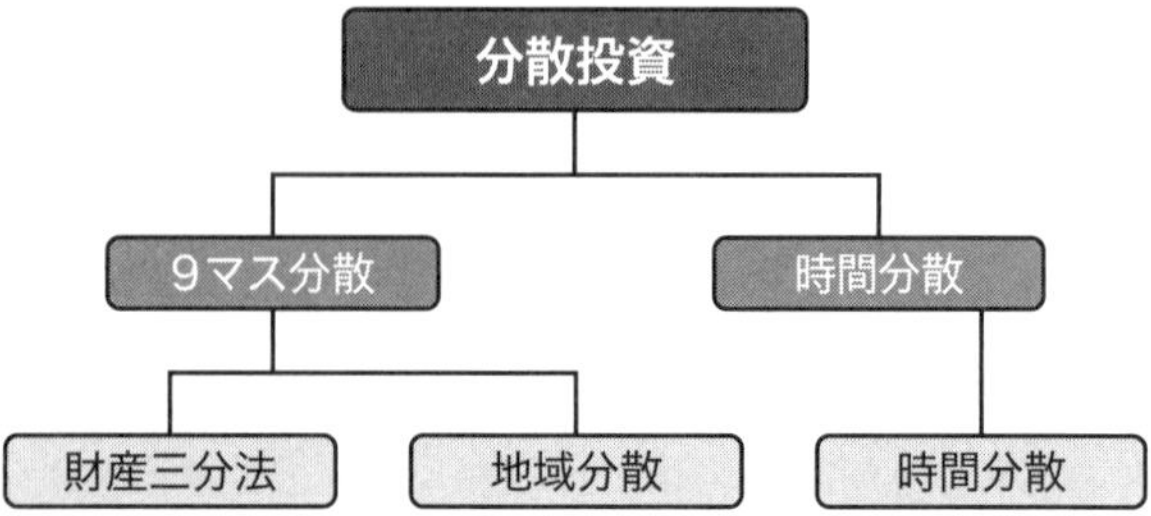

・地域の分散

投資する国を分散するということです。国が違うことで通貨や経済の状況も変わってくるので、値動きにも違いが出てきます。そこで日本、海外の先進国、海外の新興国に分散することで、リスクを分散できます。

・時間の分散

購入や売却のタイミングを複数に分ける（分散する）ことです。これによって高値づかみや、安値で売却してしまうことを避けられ、一定のリターンを得ることができます。特に積立投資は、株価の急激な変動があっても、プラスの年とマイナスの年が打ち消し合って最終的な結果が平均化されるので、初心者でも安心な投資方法です。

積立投資なら「時間の分散」になる

ここまで読んでいただければおわかりでしょう。

投資信託を購入するのであれば、全額を一括して購入するのではなく、少額ずつ積立で購入することで、時間の分散になります。

NISAの「つみたて投資枠」も、そうした意図で設けられた投資枠です。NISA制度の使い方については第5章で詳しくご紹介しますが、投資信託を長期で積立する「つみたて投資枠」は、投資の未経験者や初心者に、時間の分散を活用してもらうために設けられました。

つまり、投資信託を9マスに分散して選び、それを積立投資をすることで、ユダヤの大富豪が子孫に伝えている、「リスクの回避」と「運用の収益性」の両方を確保できるのです。

3 株式と不動産、債券の特徴を教えてください

3つの資産はそれぞれ特徴が違う

古くからユダヤ人がその子孫に伝えた「財産三分法」の教えですが、もともとは、次のように書かれていました。

「富は常に三分法で保有しなさい。すなわち三分の一を土地に、三分の一を商品（事業）に、残る三分の一を現金で手元におくべきだ」

9マス分散式メソッドでは、これを現代風にアレンジし、投資信託での分散を考えて「土地→不動産」「商品（事業）→株式」「現金→債券」としています。

まずは、この3つの資産の特徴について理解していきましょう。ここでは、わかりやすく端的にそれぞれの資産の特徴を解説していきます。

・不動産の特徴

不動産とは、土地や建物など、動かすことのできない財産のことです。民法では、土地及び土地に定着しているものを「不動産」と定義しています。

不動産は、「ミドルリスク・ミドルリターン」と言われます。株式投資ほどのリスクはありませんが、債券ほど安全性は高くない、中間的な資産です。

不動産投資による賃貸収入は、急激な変化はありません。土地の価格も、株と比較したら値動きはゆっくりしたものになります。

また、不動産は換金性が悪いのも特徴的です。売買するのに、時間とお金がかかります。

・株式の特徴

株式とは、資金を出資してもらった人に対して株式会社が発行する証券のことです。

企業を運営していくには、お金が必要です。そのお金を集める手段の1つとして、株式があります。ただし、株式は借入ではなく、会社の資本金を出してもらうことなので、株式を発行して得たお金を企業は返済する義務はありません。その代わり、買った人には株主になってもらいます。

株主になった人が、株式をお金に換えたい時は、誰かに売ることになります。いくらで売れるかは、その時の状況次第です。

・債券の特徴

債券とは、国、地方自治体や企業など、資金が必要な主体が発行する借用証書のようなものです。

株式などの他の投資資産に比べ価格変動が小さいため、債券は守りの資産と考えられています。金融商品の中ではリスクが低いと言えます。

ただし、債券にもリスクがないわけではありません。最大のリスクは、債券を発行している国や地方自治体、企業などの財務状況が悪化して、利払いや返済が不可能になることです。逆に言えば、債券を発行している主体が倒産しなければ、元本と利息が受け取れます。

■３つの資産の特徴

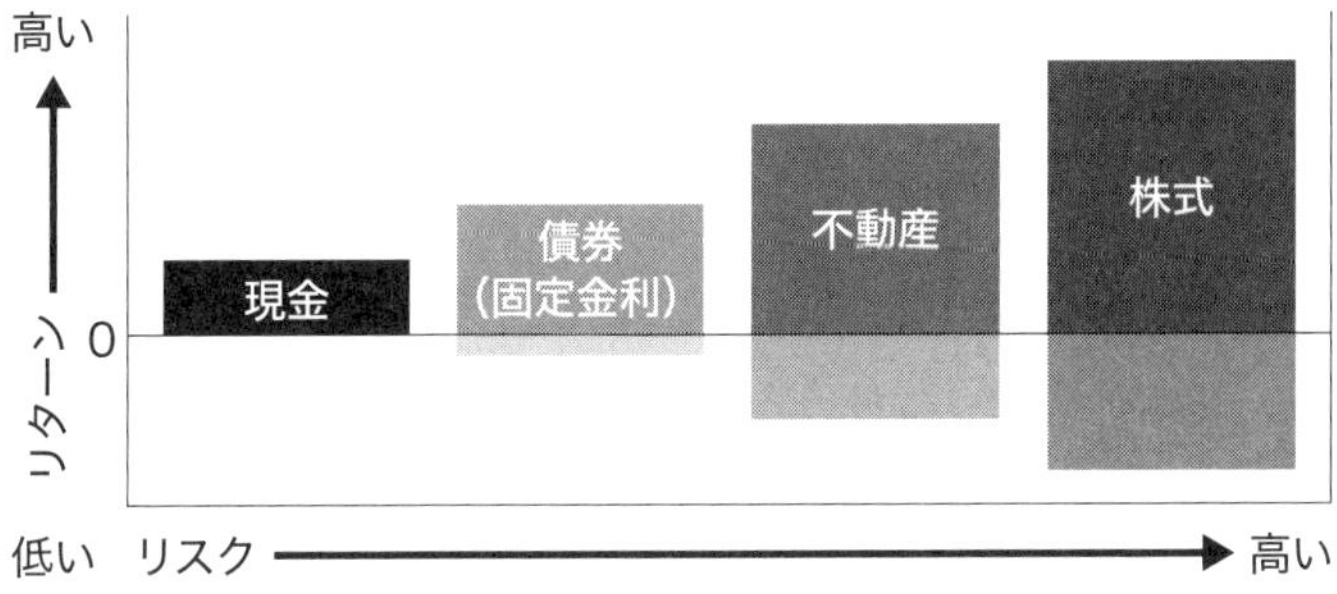

これら３つの資産の特徴を理解して、あなたのお金も分散先を考えましょう。

投資信託なら株式も債券も不動産も少額から購入できる

なお、株式も債券も不動産も、現物を実際に購入することもできますが、投資信託という形で少額から購入することも可能です。

投資信託とは、個人などの複数の投資家から資金を集めて、運用の専門家が現物である債券や株式、不動産などの資産で運用する金融商品です。投資信託では、個別の株のように１銘柄のみで運用されることはなく、基本的には20銘柄以上の銘柄で運用されています。

世の中には様々な投資信託があり、株式で運用される投資信託なら現物の株式と、債券運用される投資信託なら現物の債券と、特徴は同じです。

ただし、不動産で運用される投資信託のみ、少し注意が必要です。現物の不動産で運用されるのではなく、リート（不動産投資信託）で運用されるためです。

リートは不動産を運用する投資法人が投資先となるため、少額から投資が可能で、間接的に不動産に投資することになります。簡単に言うと不動産を証券化したようなものなので、株のように簡単に売買できます。そのため、現物の不動産のようにミドルリスク・ミドルリターンにはなりません。値動きは株に近く、短期間で急騰する可能性もあれば、暴落することもあります。価格が上下するタイミングは株とは違うのですが、現物の不動産とは違うことを覚えておいてください。

とはいえ、リートで運用される投資信託も不動産価格の推移に影響されます。株価とは上昇と下落のタイミングが異なるので、分散先の1つとして考えられるのです。

4 なぜ海外に投資する必要があるのですか？

日本で生活していても為替のリスクにさらされている

９マス分散式メソッドでは、投資する地域についても「日本国内」「海外の先進国」「海外の新興国」の３つに分散しています。なぜなら、為替が常に変動しており、また国によって景気のピークも違うので、地域分散を考えて投資をしないと痛い目に遭うからです。

これを読んでいる方の中には、日本株のみをＮＩＳＡで購入している方もいるかもしれません。しかし、私は必ず外貨建て資産を保有してほしいと考えています。

特に円安が進むと、外貨建て資産を持たない方の資産は、グローバルベースで見ると目減りしてしまいます。例えば次のようになります。

・1ドル100円の時……1000万円の資産は、ドルベースで10万ドル
・1ドル140円の時……1000万円の資産は、ドルベースで約7万1430ドル

「日本円で生活しているのだから、ドルベースでいくらになっても関係ない」と思うかもしれませんが、実際にはそうではありません。私たちは日本に住んでいても直接・間接的に、外国の製品や資源を使っており、その輸入品は為替レートで価格が大きく変わります。

特にガソリンは、ほぼ100%輸入に頼っていますから、為替の影響は顕著に価格に反映されます。実生活で実感している方も多いのではないでしょうか。

さらに言えば、日本のメーカーの製品でも、国内で作られているものは少ないのです。例えば、服や下着も日本製は少数です。食品も輸入品が多く、小麦粉等は輸入に頼っているので、円安になると麺類やパン、小麦を使ったお菓子などが値上がりします。

つまり、日本で生活していても為替リスクにさらされているのです。円建ての資産しか持たないまま、生活費だけが円安で上がり続ければ、どんどん貧乏になっていってしまうのです。

「外貨を持つこと」と「外貨建て資産を持つこと」は違う

ただし「外貨を持つこと」と「外貨建て資産を持つこと」は違うので注意してください。単に外貨を保有するのではなく、保有しているだけでお金を生み出す「外貨建て資産」であることが重要です。

少し考えてみてほしいのですが、外貨預金でドルやユーロを持っていても、それを日本国内で使うことはほとんどできません。もちろん、海外に家族がいて送金するために必要ということならば、外貨を保有することに意味はあるのですが、そういう理由以外では、ただ外貨預金をしていてもあまり意味はありません。円預金より多少金利が高くても、高額な換金手数料を考えれば利益は少なくなってしまいます。

また、外貨建ての保険なども同様です。円建ての保険よりも利率は高いのですが、為替の差損が出れば、その金利の利益分は消し飛んでしまう程度です。

ですから、外貨をただ保有するのではなく、保有しているだけでお金を生み出す「資産」で保有することが大事なのです。つまり、９マスのマス目の④から⑨の資産で運用される投資信託を保有するということがとても重要だということです。

5 米国株にだけ投資すればいいですよね？

バフェットに逆らうようだけど……

前節の説明で外貨建て資産、特にドルベースの資産の保有が必須な理由が理解できたと思います。

では、そうした資産だけを保有していればいいのでしょうか？

最近は米国株が人気で、その投資信託だけ購入している方もいらっしゃるでしょう。

有名な投資家ウォーレン・バフェットは、妻にこのようにアドバイスしたそうです。

「私のアドバイスはこの上なくシンプルだ。現金の10％を米国の短期国債に、残る90％を超低コストのＳ＆Ｐ５００のインデックスファンドに投資しなさい。ヴァンガードのファンドがいいだろう。この方針なら、高い報酬のファンドマネージャーを雇うどの年金基金、機関、個人の出す結果より長期にわたって良い成績を上げられると思う」

多分、このアドバイスをどこかで見たのか「米国のＳ＆Ｐ５００という指数に連動する投資信託を買っていればいいんですよね？」と質問をいただくこともよくあります。

それに対しての私の答えは「ノー！」です。

日本で暮らすなら国内資産も必要

もちろん、バフェットの言うことは間違いではありません。株式投資をするには覚えることも多く、勉強を続けないといけません。それができないのでしたら、Ｓ＆Ｐ５００インデックスファンド（Ｓ＆Ｐ５００に連動する投資信託）で運用する方が、間違いはないということです。

Ｓ＆Ｐ５００インデックスファンドは、単純に言えば米国の代表的な企業の５００銘柄を保有できるというものですから、業績が悪化し続けているような銘柄は入りません。なので自分で銘柄を選べないのでしたら、Ｓ＆Ｐ５００インデックスファンドにしておけばいいということなのです。

ただし、私が「ノー！」という理由は「S&P500だけ、というのは良くない」ということです。

まず、バフェットの妻と違って私たちは日本で生活しています。だから、「為替」も考えないといけません。

S&P500インデックスファンドでは、株式のリスクにプラスして為替のリスクもあります。為替が今よりも円高になってしまったら資産が目減りしてしまうのです。

例えば株価が40％値下がりして、さらに為替も急激な円高になってしまって円換算で10％くらいマイナスになってしまったら、S&P500インデックスファンドの価格は半分になってしまいます。すべての資産をS&P500一択で運用していたら、かなりの恐怖となるでしょう。

そうした事態を避けるためにも、国内の株や債券の資産と組み合わせてリスクを軽減する必要があるのです。

6 新興国にも投資した方がいいですか？

リターン１位となる地域は毎年違う

９マス分散式メソッドでは、投資する地域について「日本国内」「海外の先進国」の他に、「海外の新興国」も組み入れています。これはなぜでしょうか？

投資対象となる資産の種類や分類のことを資産クラス（アセットクラス）と言いますが、実は複数の資産クラスの年間リターンを見ると、毎年順位が異なるのです。リターン１位と最下位も毎年違います。前年最下位だったものが、翌年リターン１位になることも多いです。つまり、「日本国内」が１位の時もあれば、「海外の先進国」が１位の時も、「海外の新興国」が１位の時もあります。

もし、この先１年間でもっともリターンが高くなる資産クラスが何かわかっていれば、次の１年間はすべての資金をその資産クラスに投資すれば、大きく儲けることができるでしょう。しかし残念ながら、金融のプロであっても、将来どの資産クラスのリターンが高くなるのかを正確に言い当てることは、とても困難です。

このように解説すると「なぜプロでも値上がりする資産クラスを当てられないのですか？」と思うでしょう。しかし、株式や債券の市場では、多くのプロが経済の先行きや他の投資家の動きを予想して先回りしようとしています。その中で抜け駆けするのは、簡単ではないのです。

例えば米国経済の調子が良さそうだと予想し、多くの投資家が同じように考えて購入すると、海外の先進国の資産は値上がりします。個人投資家が気づいた時には、既に割高になっているケースもあります。

逆に多くの投資家が値上がりを期待していない資産クラスは買う人が少なく、割安になります。この割安な資産クラスの価値が見直されれば、大きく値上がりすることもあるのです。

こうした予測を正確にするのは不可能ですから、あらかじめ分散することで、予想が外れても大きな損失を避ける。それが、9マス分散式メソッドの考え方なのです。

日本国内、先進国、新興国で景気のピークが違う

なお、リターンが1位になる資産クラスがなぜ毎年違うのかと言うと、それは日本国内、先進国、新興国で景気のピークに若干の違いがあるからです。株価の値動きだけを見ると、先進国である日本国内株と先進国株は同じように推移することも多いのですが、新興国は少し違います。

ちなみに、新興国と言うと貧しい国も入っていると考えてしまう方もいますが、基本的に「株式市場」がある国を指します。経済成長の可能性を秘めた国を指しているのです。例えば新興国の代表的な指数であるＭＳＣＩエマージング・マーケット・インデックスでは、２０２４年８月の時点で中国が27・１％、台湾とインドが18％、韓国が11・６％となっています。

こうした新興国の成長は、主に先進国への輸出で成り立っています。先進国の景気が良くなると、新興国からの輸入も増えますので、株価のピークが先進国と若干違ってくるのです。

オール・カントリーでは十分に分散できない

ここで注意してほしいのが、オール・カントリーについてです。オール・カントリーは全世界の株式がセットになっている投資信託ですので、もちろん新興国も含んでいます。そのため、面倒なことが嫌いな方から「とりあえずオール・カントリーを買ったらいいですか？」という質問をいただきます。

確かに３つの地域すべてがセットになっていたら、楽ちんかもしれません。ただし、第１章でも解説しましたが、オール・カントリーは実は米国株が６割以上を占めていますので、地域の分散と言ってもほんの少しなのです。十分な分散になるとは言えません。

さらに言えば、３つの地域がセットになっていたら、売却する時もセットで売却するしかありません。３つの地域で景気のピークが若干違うわけですから、別々の投資信託で保有した方が売却時には効率がいいわけです。

ですから９マス分散式メソッドでは、多少面倒でも日本国内、先進国、新興国それぞれの投資信託に分散することをオススメしています。

7 なぜ株式と不動産、債券では値動きが違うのですか？（上級編）

資産の値動きには景気サイクルが関係している

９マス分散式では、資産を株式、不動産、債券の３種類に分けています。その着想の元になったのは、ユダヤ人に伝わる「財産三分法」の教えだということは、先にご説明しましたよね。

では、本当にユダヤ人の教えは正しいのでしょうか？　つまり株式、不動産、債券の３種類に資産を分散することで、リスクが抑えられるのでしょうか？

それを知るためには「景気サイクル（景気循環）」という考え方を理解する必要があります。これは経済学の世界で使われる考え方です（難しそう、と思ったら、とりあえず「株式、不動産、債券でそれぞれ値上がり・値下がりする時期がずれるのでリスク分散になる」とだけ覚えておけばＯＫです）。

季節のように景気は巡る

私たちは日常的に「景気が良い、悪い」と言ったりしますよね。では、そもそも景気とは何でしょうか？　経済学では、景気とは経済活動の活発さを指します。ざっくり言うと「お金の流れ」が良いか悪いか、ということですね。

お金の流れが良い時は、モノやサービスがよく売れ、企業は儲かり、給料は上がって、雇用が増えます。これが「好景気」です。逆に、モノやサービスが売れず、企業の業績が下がり、給料も雇用も減っていくのが「不景気」ですね。

そして経済学では、好景気と不景気は交互に入れ替わり、それを繰り返していると考えられています。これが「景気サイクル」です。

景気サイクルは、不景気が終わり好景気へと向かっていく「景気回復初期」、好景気が終わりに向かっていく「景気回復末期」、好景気が終わり不景気へと向かっていく「景気後退初期」、不景気が終わりに向かっていく「景気後退末期」という4つのステージに分かれます。ちょうど四季のように、この4つのステージが繰り返し巡ってくるとイメージするといいでしょう。

景気回復期には株式と不動産、景気後退期には債券が上がる

では、この景気サイクルが資産にどう影響するのでしょうか？

景気回復期（景気回復初期・景気回復末期）と景気後退期（景気後退初期・景気後退末期）に分けて考えてみましょう。

・景気回復期

景気回復期には、消費者がたくさんモノを買ったり、サービスを利用したりするようになり、企業の売り上げも増えます。企業の業績が良くなれば、その企業の価値を表す株価は上がりやすくなりますね。

また、企業のビジネスが拡大すれば、工場を拡大したりオフィスをより魅力的な物件に移転したりします。好景気で従業員の給料も上がるので、レジャーを楽しんだりマンションを買ったりする人も増えるかもしれません。そのため、不動産価格も上がりやすくなります。

・景気後退期

景気後退期には消費者は財布のひもを締めがちで、企業の売り上げも減少傾向になります。ビジネスが低迷して従業員の給料も下がれば、マイホームを買う人も少なくなり不動産需要も停滞します。株式や不動産などのリスクの高い資産には逆風となります。一方で投資マネーは低リスク資産に集まり、債券の中でも安全性が高いとされる先進国の国債などは値上がりしやすくなります。

これらの値動きをまとめたのが次ページの図になります。矢印の向きが上向きの資産は、その景気ステージで価格が上昇します。つまり、株式と不動産はおおむね同じ時期に上がりますが（ただし現物の不動産は株式より1年ほど遅れて動くと言われています）、債券は、株式や不動産とは逆の方向に価格が変動するわけです。

分散投資をすれば景気サイクルの影響を抑えられる

このように景気サイクルの影響を受けるため、株式、不動産、債券はそれぞれ値上がり、または値下がりするタイミングが違います。

■景気サイクル

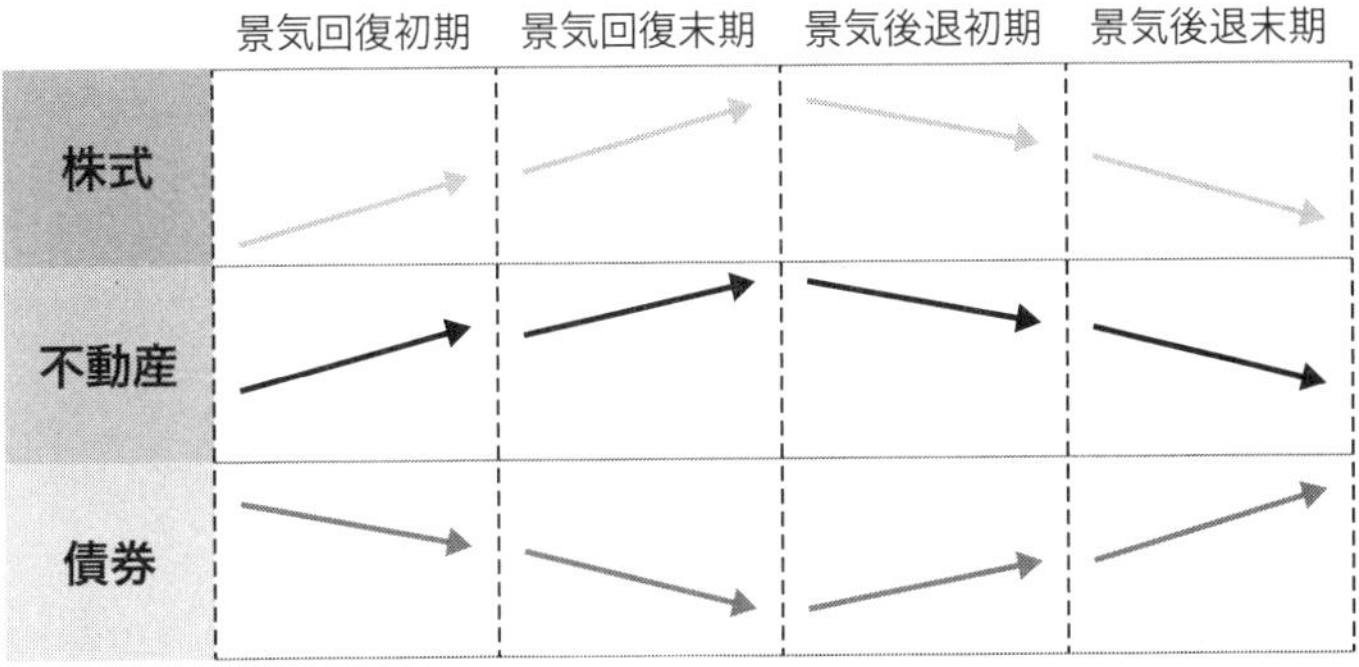

そうすると「今が景気サイクルのどの位置にいるのかがわかれば、値上がりする資産がわかるので、それに集中投資すれば効率がいいのでは？」と思うかもしれませんね。それは理屈の上では正しいのですが、現実問題としては、なかなか難しいでしょう。

季節でも「今年の冬は短かった」「夏が来るのが遅れた」というように、毎年いろいろな変化がありますよね。それと同じで、景気サイクルもきれいに一定期間で巡ってくるわけではないので、「今が景気サイクルのどの位置か」というのはプロでもなかなか見極めきれないのです。

ですから「景気サイクルの影響をなるべく受けないように、値動きの違う資産を組み合わせて投資する」というのが、現実的な対処法となります。

景気サイクルの周期を考えて5～10年間は積立投資を続ける

そしてもう1つ、ここで覚えておいてほしいのは「景気サイクルは繰り返す」ということです。これを忘れなければ、投資後に価格が下がっても慌てなくて済みます。

「今が景気サイクルのどの位置か」を把握するのは難しいですから、購入した投資信託が直後にマイナスになることも時にはあります。しかし、それは一時的なことです。しばらく我慢していれば景気のステージが進み、価格が元に戻ります。

いくつかの説がありますが、景気サイクルはおおよそ4～10年で一周すると言われています。ですから、私は最低でも5～10年間は積立投資を続けることをオススメしています。そうすることで、景気サイクルのどのタイミングで投資を始めたとしても、景気サイクルが一周する中で、平均購入価格を妥当なレベルに抑えられるのです。

景気は良い時もあれば、悪い時もあります。さらに、先進国と新興国など、地域によっても景気は違います。景気サイクルの変動の波に翻弄されずに、着実に資産を形成していくために、「資産の分散」「地域の分散」「時間の分散」という9マス分散式の基本を決して忘れないようにしましょう。

第3章

投資を始める前に確認すること

投資をするのであれば、家計管理は必須です。なぜなら家計がしっかり管理できていなければ、自分がどのくらい投資に回せる資金を持っているかわからないからです。そこで投資を始める前の準備として、この章では家計の管理方法を学びましょう。

1

資産を作るためにお金持ちが「必ずやっていること」はありますか？

お金持ちはお金の管理がうまい

「お金持ちになりたい」という人は多いです。あなたもそう思っていませんか？しかし実際にお金持ちと呼ばれる人が少数なのは、なぜでしょう。

お金に縁がない人にならないためのヒントを、億万長者研究の第一人者であるトマス・スタンリー博士が調べています。博士が言うには「お金持ちは、お金の管理がうまい」そうです。

確かに私の経験上も、お金に縁がない人ほどお金をうまく管理できないか、お金にいっさい関わらないような行動をしているように見受けられます。そういう人にお金の管理をどうしてやらないのか理由を聞くと、こう答えます。

「管理するほどお金を持っているわけではない」

これは原因と結果をはき違えています。十分なお金を持っているから管理をするのではなく、お金の管理をするから十分なお金を持てるようになるのです。

また、こう答える人もいます。

「お金に縛られて生きるのはイヤだ」

一見もっともな意見のようですが、冷静に考えると、お金を持っていない人が本当の意味でお金に縛られず、自由に生きていくことは不可能のように思います。いくら見ないふりをしても、人が生きていく上で、まったくお金を使わないことなどあり得ません。お金がなければ、どうしても行動が制限されてしまいます。

きちんとお金を管理し、必要なお金をちゃんと用意できる術を身につけてこそ、真の意味でお金に縛られない人生が手に入るのではないでしょうか。

「お金がない」と勘違いして投資すれば損することも

実際に、お金を管理していなかったことで損してしまう人もいらっしゃいます。

それまできちんとお金を管理してこなかった方に、私がお金の管理方法をお教えしたところ、こんな感想をいただいたことがありました。

「お金を持っていないと思っていました。それでお金を増やそうと母と祖母の遺産、父の生前贈与を、ＦＸ投資をして損をしてしまいました。自分の資産内容をきちんとチェックしたら思っていたより持っていて、そんなに焦ってＦＸ投資をする必要はなかったとわかりました」

この方は損をしてしまっても資産が残っていたので良かったものの、「お金が足りない」という焦りから投資をするのは、かなり危険なのです。そのようなことを防ぐためにも、投資を始める前に、まずお金をしっかり管理しておくことが大切です。

2 お金の管理方法を教えてください

「お金の見える化」をするための３つのシート

前節で、投資を始める前に、まずお金を管理することが大切だとお伝えしました。では、お金を管理するということは、具体的にどういうことでしょうか？

それは、お金を「見える化」するということです。お金について不安という方のほとんどは、お金を見える化していないので不安なのです。

例えば、フィデリティ退職・投資教育研究所が実施した「高齢者の金融リテラシー調査」によると、退職金を受け取るまで金額を知らなかった方は31・6％、「定年退職前の半年以内に知った」と回答した人と合わせると半分以上の方が、事前に知らなかったそうです。退職金は、退職後の生活の大切な資金源ですから、それを事前に把握していなければ老後の生活に不安を感じて当然ですよね。遊園地のおばけ屋敷と同じで、真っ暗で何があるのか、わからないから恐怖を感じるのです。

お金を見える化しておけば、そうした不安は解消されます。

具体的には、お金を見える化するためには「年間の収支確認表」「家計のバランスシート」「ライフイベント表」の3つを作っておくといいでしょう。これらのひな形は、日本ＦＰ教会のホームページからダウンロードできます。

■「年間の収支確認表」「家計のバランスシート」「ライフイベント表」のひな形（日本FP教会）

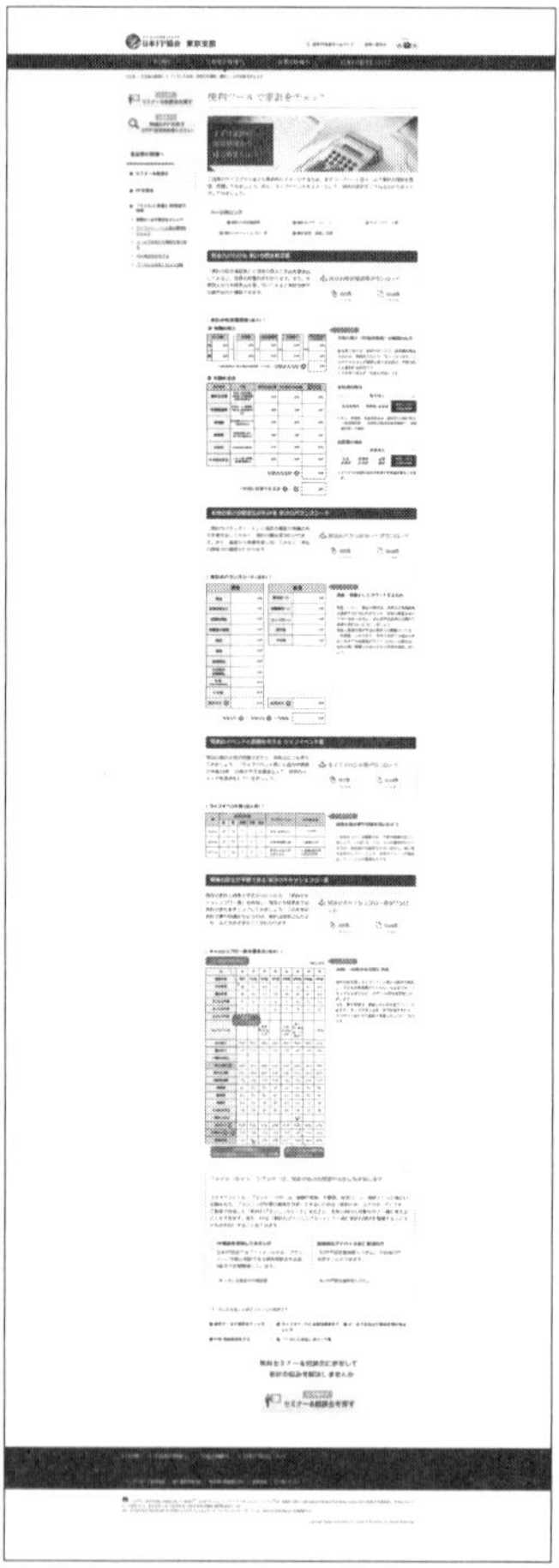

https://www.jafp.or.jp/shibu/tokyo/seikatsu/life/

銀行通帳の記帳をしたら「年間の収支確認表」はすぐできる

ひな形をダウンロードしたら、まずは年間の収支確認表から作っていきましょう。家計管理をしていない人にとっては、収支を調べること自体が面倒に感じるかもしれません。しかし、それは単なる思い込みであって、実は基本生活費を調べるのは、それほど難しくありません。なぜなら、ほとんどの人はお給料を銀行振り込みで受け取っているからです。その場合、銀行から引き出したお金のほとんどが基本生活費と思っても問題ないでしょう。銀行からの自動引き落としになっていれば、何の費用かがわかります。銀行通帳を記帳して、お金の出入りを見るだけです。

つまり、年間の収支表を簡単に作るのに必要なのは、次の3つのステップだけです。

①銀行の通帳をすべて記帳して1年間に振り込まれた収入の合計を出す。
②自動引き落としになっている水道光熱費や家賃、生活費に使った現金を引き出した金額の1年間の合計を書き出す。
③収入の合計から支出の合計を引く。

たったこれだけで、1年間の収支がおおよそわかります。費目を考えたり難しいことをする必要はありません。余裕があれば、毎月引き落としになっている固定費と現金で引き出している変動費を分けるといいでしょう。家計管理が苦手な人は、苦痛に感じるかもしれませんが、すべての銀行口座の記帳をしてもらえれば、30分もかからずに収支は把握できます。

資産状況は「家計のバランスシート」で見える化する

年間の収支確認表で家計の収入と支出が把握できたら、次は資産状況を見える化しましょう。そのために作るのが、家計のバランスシートです。

これは、家計の「資産」と「負債」の状況を把握するための表です。それぞれ、次のように記入します。

・資産

預貯金や株式、債券、投資信託などの有価証券の保有金額を、銀行口座や証券口座で確認して書き出してください。

忘れがちなのは、貯蓄型の保険の解約返戻金などです。現時点で解約した場合の解約返戻金の金額を調べて記入します。

マイホームを保有しているのであれば、不動産の現時点での市場価格も記入します。

・負債

負債とは、住宅ローンや自動車ローン、カードローンや奨学金のことです。これらの返済残高を調べて記入します。

そして、資産の合計額から負債の合計額を引いたものが、あなたの家計の純資産になります。

「ライフイベント表」で将来の必要資金を見通す

最後に、ライフイベント表です。

人生における大きな出来事を「ライフイベント」と言います。そうしたライフイベントについて必要なお金を、個人及び家族単位で時系列にまとめたものがライフイベント表となります。

ライフイベント表を作って、いつ、どれくらいのお金が必要になるかと明確にしておけば、お金が足りそうかどうかも判断できます。そこで不足しそうであれば、その分だけ資産運用で増やせばいいのです。やみくもにお金を増やそうとして、余計なリスクを取る必要はありません。

なお、主なライフイベントにかかる費用の目安は、日本FP協会のホームページを参考にして考えてみましょう。

■ライフイベントにかかる費用の目安（日本FP協会）

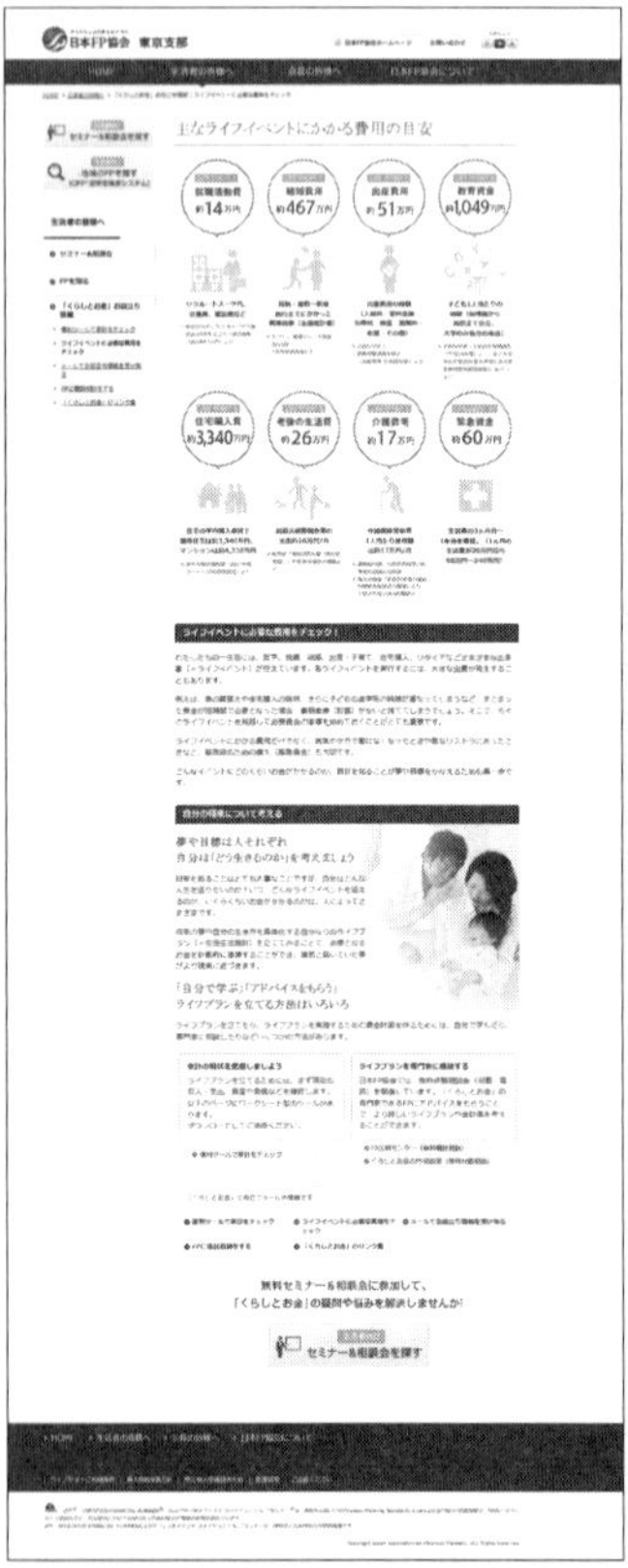

https://www.jafp.or.jp/shibu/tokyo/seikatsu/life/cost/

3 貯蓄と投資、どちらを優先すべきですか？

投資の前に、生活費の6カ月分の「生活防衛費」を準備しよう

お金の見える化をしたことで、あなたの家計と資産の現状、そして将来の見通しが明確になったかと思います。すると「このままではぜんぜんお金が足りません！　今ある預貯金をすべて投資に回して増やした方がいいでしょうか？」と焦り出す人がいるのですが、ちょっと待ってください。やはり、預貯金はある程度必要です。

なぜなら、この本でオススメしている投資方法は、長期分散投資だからです。第2章でもご説明しましたが、いったん投資に回したお金は最低でも5～10年は現金化しないのが原則です。

しかし、人生はいつ何があるかわかりません。予想もしなかった原因で、一時的に収入が断たれてしまう可能性もあります。

そんな時、すぐに現金化できる預貯金を持っていないと、長期分散投資をしていた資産を泣く泣く取り崩さなければなりませんよね。そうなれば、長期投資の効果も台なしですし、せっかく立てた資産運用計画もぐちゃぐちゃになってしまいます。タイミングによっては、損することを覚悟で現金化しなければならないかもしれません。

そのようなことを防ぎ、不測の事態が起こった時や臨時支出が必要な時のために備えておく預貯金のことを「生活防衛費」と言います。

目安としては、労働収入がある会社員の方は生活費の6カ月分、自営業の方は生活費の1年分は、生活防衛費として必ず確保してください（生活費は収支確認表を見ればわかりますよね）。会社員の方が生活防衛費が少ないのは、社会保険による保障が手厚いからです。

そして、あなたが現在保有している生活防衛費以外のお金が、投資に回せる「余裕資金」となります。もし家計のバランスシートで資産状況を見える化した結果、十分な生活防衛費が確保できていないことがわかったら、投資を始める前に、まずは生活防衛費を貯めることから始めましょう。

お金持ちほど無駄遣いしない

ここで「生活費でカツカツで、預貯金に回すお金がありません！」と言う人もいるのですが、そういう方は収支確認表を見直して、節約できる出費がないか確認してみましょう。

「お金持ちはお金の管理がうまい」という話をしましたが、ここで言うお金の管理には、お金の見える化の他に、ムダな出費をしないということも含まれています。例えば、世界の億万長者と言われるビルゲイツは、マスコミのインタビューでこう答えています。

「もし自分の体がエコノミークラスにフィットしないほど大きければ、もう少し広いシートに座りたいと思うだろうが、それほど自分の体は大きいわけではない。ファーストクラスの料金に何倍もお金を払ってみたところで、到着する時間は皆同じなのだから」

メタ（旧フェイスブック）ＣＥＯのマークザッカーバーグは毎日同じ服を着続けていて、服を選ぶ時間さえもムダに感じているようです。

このレベルのお金持ちの人たちならば、どれだけお金を使っても問題ないように思いますが、それでも当の本人たちはムダと感じるものにはいっさいお金を払わないのです。だからこそ、自分にとって価値のあるものには十分なお金を投じられるのですね。

お金持ちほどお金を使う価値について深く考えています。あなたは、出費をする時に「それが自分に本当に必要かどうか」を十分に考えているでしょうか？　その判断基準をしっかりと持っている人が、買い物上手になれるのです。

なんとなくの出費を減らすだけで、家計には余裕が出てくるはずです。

「先取り貯蓄」で着実に生活防衛費を確保しよう

その上で、着実に貯蓄をしていくためにオススメしたいのが「先取り貯蓄」です。これは、お給料をもらったら、事前に決めておいた金額を先に貯蓄に回してから、残りで生活費をやりくりするという方法です。

生活費を使ってから、残った分を貯蓄に回そうと思っていると、実際にはぜんぜん貯蓄できないということがよくあります。なぜなら、人には「もらったものはすべて残さず使う」という習性があるからです。英国の歴史学者が提唱した「パーキンソンの法則」です。

そこで先に貯蓄して、それは「最初から持っていないお金」として、残りで生活するわけです。どの銀行にも定期預金の自動積立サービスがありますから、そうしたサービスを利用して、給料日には自動的に貯蓄されるように設定しておきましょう。

「使えるお金が減ってしまう」と嫌がる方もいますが、実際にやってみると案外ストレスを感じることは少ないです。逆に「お金が貯まって、嬉しい」という声をいただくことの方が多いです。お金持ちも必ずやっている手法です。

投資をスタートするのであれば、まずはお金を貯められるようになっていなければなりません。貯蓄ができなければ、投資に回すお金もないということを、肝に銘じてください。

4 なぜ生活防衛費が生活費6カ月分なのかを教えてください

6カ月分あれば、たいていのことに対応できる

前節で「生活防衛費として生活費6カ月分を用意しましょう」とお伝えしました。この6カ月分というのは、あくまで私なりに「これだけあれば、たいていのことに対応できるだろう」と考えた目安となります。

「たいていのこと」というのは、具体的には次のことを想定しています。

- 退職した場合の、再就職するまでの生活費
- 病気やケガで休職した場合の、復職までの治療費・生活費
- 大きな自然災害が起きた時の復旧までの生活費

これから、それぞれについてご説明していきましょう。

もし、その説明を踏まえた上で「自分の場合は、6カ月分だと心許ない」と感じたなら、もっと多くの生活防衛費を確保してもいいと思います。そうした判断をするための参考として読んでいただければ幸いです。

退職した場合の失業給付の補助として

まず、何らかの理由で会社を退職する場合を想定してみましょう。この場合、次の2つの要件を満たしていれば、雇用保険から基本手当（いわゆる失業給付）がもらえます。

- ハローワークに来所して、求職の申し込みを行い「働く意思と能力がある」にもかかわらず、職業に就くことができない状態にあること。
- 原則として離職の日以前2年間に被保険者期間が通算12カ月以上あること。

ただし自己都合による退職の場合は、ハローワークに給付を申請してから受給が開始されるまで約1カ月程度かかります。そのため、既に再就職先が決まっているのでもない限りは、最低でもその1カ月間の生活費は、生活防衛費として用意しておく必要があります。

また、受給が開始されてからも、それまで会社から受け取っていたお給料と同等の金額がもらえるわけではありません。基本手当日額（1日あたりの給付金額）は年齢やお給料の金額によって変わりますが、賃金日額（退職する前6カ月のボーナスを除

■雇用保険の給付額（カシオ計算機）

https://keisan.casio.jp/exec/system/1426729546

く賃金の合計を１８０で割った金額）のおよそ50～80％となります。したがって、それで足りない分の生活費も、生活防衛費として用意しておく必要があります。

所定給付日数は（基本手当日額が給付される日数）は、被保険者だった期間、離職日の年齢、離職理由によって決まりますが、自己都合退職の場合は最低90日（約３カ月）～最大１５０日（約5カ月）です。これだけの期間があれば次の就職先を見つけられるでしょうし、６カ月分の生活防衛費を用意していればお釣りが来るはずです。

なお、雇用保険の給付額はカシオ計算機のホームページでも計算できるので、ご自身の賃金で計算して参考にするといいでしょう。ただし、給付額は様々な条件によって変わるので、正確なところはハローワークに問い合わせることをオススメします。

病気やケガで休職した場合の傷病手当の補助として

次に、病気やケガで働けなくなった場合も考えておきましょう。この場合、会社員の方は健康保険に加入していれば「傷病手当」を受けることができます。

傷病手当は、働けなくなってから最長1年半にわたって、直近の収入のおよそ3分の2の金額が支給されます（こちらも様々な条件によって変わるので、正確なところは加入している健康保険にお問い合わせください)。つまり、残り3分の1の金額分の生活防衛費を用意しておけば、それまでの収入と同等の金額が1年半は維持できるわけです。

もちろん、病気やケガの重さによっても変わってきますが、6カ月分の生活防衛費を用意しておけば、たいていの場合はしっかり完治して復職するまで足りるのではないでしょうか。

ただし、自営業やフリーランスなどの働き方で国民健康保険に加入している方は、傷病手当を受けられません。会社員のように有給休暇もないので、自分が働けなくなると収入は即、なくなってしまうことになります。ですので、自営業やフリーランスの方は、生活防衛費として1年分の生活費を確保しておいてください。

また、病気やケガを心配した場合の備えとしては民間の医療保険もありますが、医療保険は1回の入院限度日数があるので、全期間をカバーしてくれるわけではありません。どのような補償内容になっているか、きちんと確認しておきましょう。

災害時の復旧までの備えとして

地球温暖化の影響もあって、台風を始めとした災害が多くなっています。大雨による洪水や台風、地震など、日本で生活する上で災害の時のお金を考えることはとても大切です。もちろん通常の生活が奪われてしまうような大きな災害はそうそう起こるものではありませんが、最近の大規模災害の多さを考えると、あり得ない話とも言い切れません。

では、そのような大きな災害が起きて収入が途絶えた場合、どうなるのでしょうか？

国の支援や義援金が集まることもありますが、被災者がそのお金をすぐ手にできるとは限りません。また、火災保険に加入していれば補償を受けられる可能性がありますが、そちらも保険金がおりるまでには時間がかかります。

そう考えると、やはり生活費の６カ月分は普通預金で確保しておきたいです。通常の生活に戻るまでには半年ぐらいかかるという経験則もあるそうです。

また、それに加えて、自宅に多少の現金を準備しておくと安心です。大きな災害が起きてライフラインが停止してしまうと、預貯金があってもＡＴＭが動かず、引き出せません。災害直後は「現金だけ」が頼りになります。

実際、東日本大震災の時にはＡＴＭが使えない期間が10日間ほど続いたと聞きます。その間に使いそうな分は、現金を用意しておきましょう。災害時は自動販売機のお釣りが出ないこともあるので、小銭も用意しておくことをオススメします。

5 余裕資金はすべて投資に回したらいいのでしょうか？

リスク許容度によって適切な投資のやり方が変わる

生活防衛費が確保でき、投資に回せる余裕資金ができたら、いよいよ投資に向けての最終準備です。あなたが投資による価格変動や損失額をどのくらい受け入れられるかというリスク許容度を調べておきましょう。

いくら多額の余裕資金を持っていたとしても、それを全部投資に回したら、あなたのリスク許容度を超えてしまうかもしれません。それでは、途中で耐えきれずに長期投資を続けられなくなってしまうかもしれません。

また、資金を９マスのどのマス目にどう分配するかも、リスク許容度によって違ってきます（詳しくは次の第４章でご説明します）。

リスク許容度には、次の２つの考え方があります。

■家計からのリスク許容度チェックシート

問1	どのくらいの投資期間を考えていますか？	
□	20年超	6
□	10年以上、20年未満	4
□	5年以上、10年未満	2
□	1年以上、5年未満	4
問2	貯金はどのくらい（生活費の何ヶ月分）確保したいですか？	
□	生活費の4カ月分以上、6カ月分未満	6
□	生活費の6カ月分以上	4
□	生活費の1年分くらい	2
□	生活費の2年分以上	0
問3	現在の年収はどのくらいですか？（共働きの場合は夫婦合算）	
□	800万円以上	6
□	600万円以上、800万円未満	4
□	400万円以上、600万円未満	2
□	400万円未満	0
問4	現在の金融資産残高はどれくらいですか？	
□	1000万円以上	6
□	500万円以上、1000万円未満	4
□	100万円以上、500万円未満	2
□	100万円未満	0

■性格等によるリスク許容度チェックシート

問1	今までの投資経験はどの程度でしょうか？	
□	海外株式やETF、債券に投資したことがある	6
□	国内株式やETF、投資信託などに投資したことがある	4
□	債券や外貨預金（外貨建て保険を含む）に投資したことがある	2
□	預貯金や定期預金などの元本保証中心の運用のみ	0
問2	金融商品への投資スタンスに近いのはどれでしょうか？	
□	高いリターンが望めるなら損をしてでも投資したい	6
□	一定のリターンを求めるには、ある程度の元本割れは仕方がない	4
□	少しならリスクのある金融商品を利用して構わない	2
□	投資元本の安定性を第一に、リターンはあまり望まない	0
問3	暴落が発生して損失が拡大した場合はどうしますか？	
□	今後上昇することを期待して、さらに買い増しをする	6
□	何もしないでそのまま放置しておく	4
□	しばらく様子を見て損失が拡大するなら売却する	2
□	損失が怖いので売却に踏み切る	0
問4	投資についてどの程度学んでいますか？	
□	資産運用に関する書籍や専門誌をよく読んでいる	6
□	新聞や雑誌のマネー記事にときどき目を通す程度	4
□	積極的な情報収集などはしていないが興味はある	2
□	何もしていない	0

※ETFとは東京証券取引所などの金融商品取引所に上場している投資信託のこと

・家計から考えるリスク許容度（投資した元本がどれくらいマイナスになっても生活に影響がないかの許容度）
・性格等によるリスク許容度（どれくらいまでなら投資した元本がマイナスになっても気持ち的に耐えられるかの許容度）

それぞれのリスク許容度について簡易診断できるチェックシートを用意したので、ぜひ試してみてください。2つのチェックシートの合計点で、あなたの総合的なリスク許容度が診断できます。

■両方のチェックシートの合計点による診断結果

0〜9点	元本重視型
リスク許容度は低めです。預貯金にプラスして個人向け国債など利用しましょう。	
10〜18点	堅実型
リスク許容度は多少ありますが、預金を十分確保した上で、少額で投資信託などリスクの低めな資産で運用しましょう。	
19〜27点	安定運用型
リスク許容度は、普通です。生活防衛費を確保して、投資信託の積立をスタートしてください。	
28〜36点	安定成長型
リスク許容度は、普通から少し高めです。６カ月分の生活防衛費を確保した上で、投資信託の積立やETFなどリターンが期待できる有価証券に挑戦してみましょう。	
37点以上	成長重視型
リスク許容度が高いです。それでも生活防衛費は６カ月分確保して、投資信託の積立やETF、株式投資にもぜひチャレンジしてみてください。	

性格等によるリスク許容度が大切な理由

ここで、家計からのリスク許容度については、チェックする必要性がわかりやすいと思います。しかし、性格等によるリスク許容度については、なぜチェックするべきなのか疑問に思った方もいらっしゃるかもしれません。

なぜこれが必要かと言うと、基本的に投資は、メンタルが強い人でないと大きな利益を享受できないからです。本章でオススメしている9マス分散式の長期積立投資は、比較的リスクを抑えて安定したリターンを目指す投資方法ですが、それでも長い運用期間の間には、資産が値下がりする可能性もあります。そのストレスに耐えて積立を続けるには、それなりのメンタルが必要です。

「そんなの気の持ちようでしょ」と思うかもしれませんが、そもそも人間は、同じ額であれば、利益の喜びよりも損失のストレスの方がかなり大きいということがわかっています。行動心理学の考え方で、利益の嬉しさと、損失の悲しみを表した価値関数というのがあり、同じ1万円でも、もらった喜びを1とすると、なくした悲しみは2・25に感じるのだそうです。損失に対するストレスは、あなたが思っている以上かもしれません。

また、私が本格的に投資をスタートした頃、あるネット証券会社で口座開設をしたらプレゼントされた『ウォール街のランダム・ウォーカー』（バートン・マルキール著）という書籍があります。投資の世界では古典的名著と呼ばれる本ですが、その本にも投資家心理の専門家に依頼して作られた「あなたのリスク選好テスト」が付録として付いています。それだけ「どれくらいまでなら投資した元本がマイナスになっても気持ち的に耐えられるか？」は非常に大切な問題なのです。

ただしメンタルは、実際に投資を経験してみることで、ある程度鍛えることはできます。ですので、初心者のうちは無理に性格等によるリスク許容度を上げる必要はありません。慣れてきたら、でいいのです。

■行動心理学の価値関数

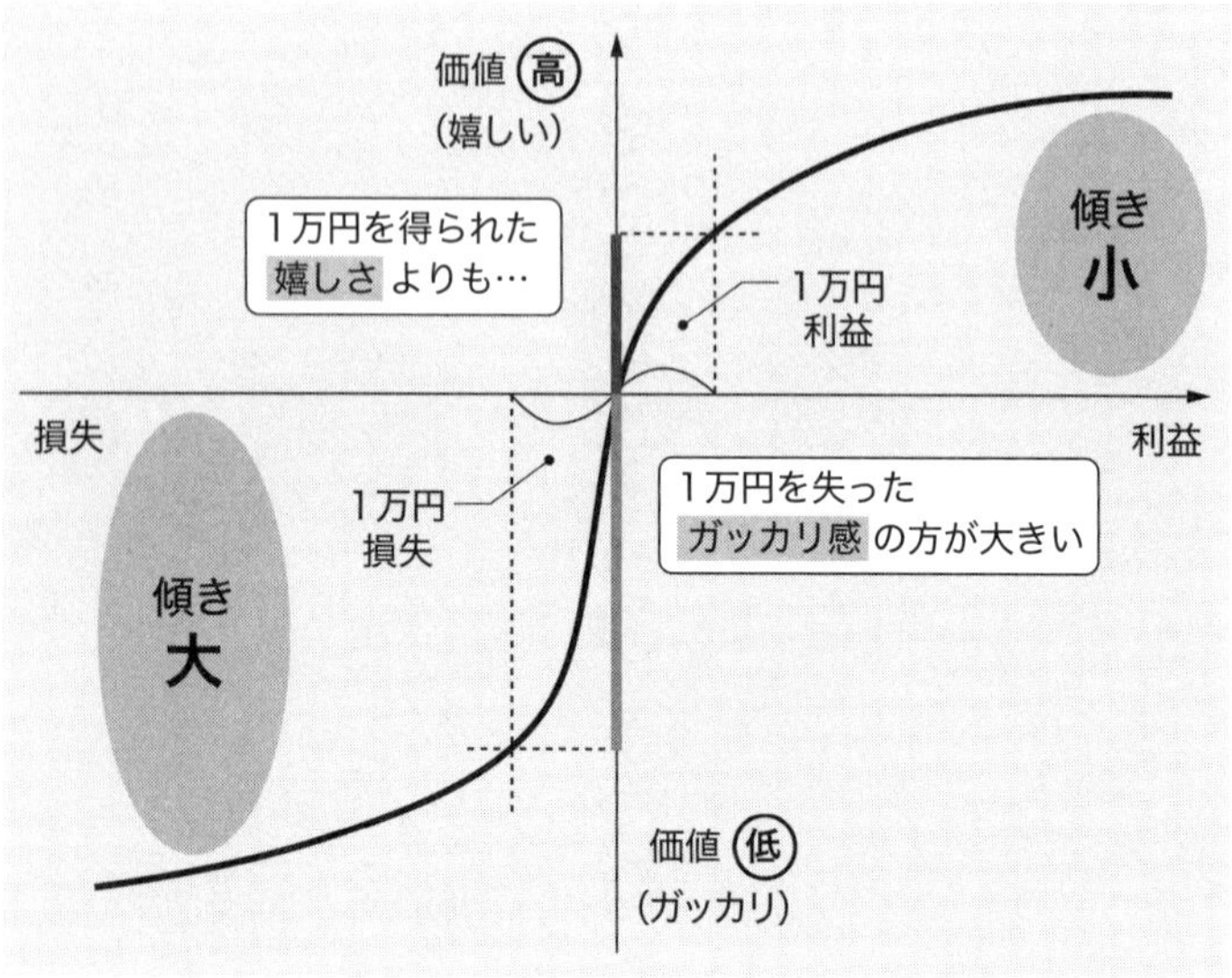
価値 高
(嬉しい)
1万円を得られた
嬉しさ よりも…
1万円
利益
傾き
小
損失
利益
1万円
損失
1万円を失った
ガッカリ感 の方が大きい
傾き
大
価値 低
(ガッカリ)

第4章 タイプ別9マスのマス目の選び方

９マスのマス目の選び方は、家族構成や年齢、資産や年収によって違ってきます。それによってリスクを負う能力が違うからです。この章では、いくつかのモデルケース別に９マスのマス目の選び方をご紹介しますので、あなたに近いモデルを参考にしてください。

1 1人暮らしの私は9マスをどう使ったらいいですか？

シングル世帯でも年代によって9マスの使い方は違う

以前は、1人暮らしのシングルと言えば若い世代のことを指しましたが、現代社会ではどの年代にも、ある一定数のシングルの方がいらっしゃいます。同じシングル世帯でも年代によってリスク許容度も変わってきますから、ここでは「新社会人の若い世代」と「年金生活の方」の2つのモデルケースを考えてみましょう。

・大学を卒業したばかりの新社会人の一色さん
大学卒業を期に首都圏で1人暮らしを始めた一色さん。年収は288万円で毎月の給料の手取りは約19万円です。毎月の生活費は17万円くらいかかります。そして預金も30万円しかありません。

・夫を亡くした66歳の年金生活の倉木さん
　3年前に夫を亡くして1人暮らしの倉木さん。遺族年金を含めて年金の手取りは約16万円です。毎月の生活費は15万円くらいかかります。貯金や保険の資産は1000万円ほどあり、夫が長年積立してきた旧勤め先の自社株の配当金が年間20万円ほどあります。家は持ち家でローンの支払いも終わっています。

なお40～50代で収入が高い選択的シングルの方は、後ほど説明するシングルインカム世帯やダブルインカム世帯のモデルケースを参考にしてください。

新社会人のシングルはとりあえず先進国株式だけでＯＫ

まず、新人社会人の一色さんのケースで考えてみましょう。

預金が30万円と少ないので、まずは生活防衛費の確保が最優先です。手取り収入19万円−生活費17万円＝２万円のうち、１万８０００円は貯金してくださいね。

そして、残りの２０００円で積立投資をスタートしましょう。積立できる金額が

1万円くらいまでは、9マスの中の1マスだけ使えばOK。⑥先進国株式のマス目がオススメです。話題になっているS&P500やオール・カントリーの一択でいいのは、この一色さんのような方です。

なぜ⑥先進国株式のマス目がオススメなのかと言うと、貯金で取れないリターンを補うことができるからです。為替が円安になれば、外貨建ての資産は値上がりしますし、インフレ（好景気）になれば、株も上昇します。

もちろん、逆に円高やデフレ（不景気）になればマイナスになってしまう可能性もあります。それでも貯蓄できる2万円のうちの1割くらいでしたら、全体に大きな影響はないでしょう。

なお、一色さんの場合、生活防衛費の目標金額は生活費17万円×6カ月分の102万円ですので、少なくともそれが貯まるまでは貯金を続けましょう。そして、生活防衛費が貯まり、月に3万円以上積立投資に回せるようになったら、③国内株式や⑨新興国株式にも分散して積立することをオススメします。

■新社会人にオススメの9マス分散

	債券	不動産	株式
国内	①	②	③
海外先進国	④	⑤	⑥
海外新興国	⑦	⑧	⑨

■新社会人にオススメの投資信託

⑥先進国株式

・eMAXIS Slim米国株式(S&P500)
・楽天・全米株式インデックス・ファンド
・eMAXIS Slim全世界株式(オールカントリー)
・ニッセイ外国株式インデックスファンド

③国内株式

・eMAXIS Slim国内株式(TOPIX)
・たわらノーロード日経225

⑨新興国株式

・eMAXIS Slim新興国株式インデックス
・SBI・新興国株式インデックス・ファンド

※すべてNISAで購入できる投資信託の中で選んでいます

先進国株式への投資の注意点

近年は、先進国全体や米国株式の指数に連動する投資信託がたくさん発売され、投資信託の売れ筋ランキングを見ても上位を占めています（オール・カントリーは新興国株式も含みますが、ほとんどは先進国株式で占められているので、本書では先進国株式として扱います）。その背景には、米国株式の好調があります。米国の代表的な指数であるNYダウは30年間で約10倍になっていますし、たった数年で10倍以上になるテンバガー株も日本株と比較するとたくさんあります。そのため世間では「新NISAで買うならば、オルカンかS&P500だけでいい！」などともてはやされています。

ただし、注意点もあります。先進国株、特に米国株が近年上昇していたのは、株価の上昇に加え、為替も円安になったダブル効果があったからです。もし為替が円高だったら、同様なリターンは望めなかったでしょう。それに米国株式の過去を見ると、株価の大暴落は何度もありました。世界大恐慌、第一次オイルショック、ブラックマンデー、ITバブル崩壊、リーマンショック、コロナショックなどです。そんな大暴落から経済を立て直し、這い上がってくる力強さがありますから、先進国株式はポートフォリオに必ず入れたい資産ですが、景気後退期に備え生活防衛費としての貯金は必ず確保してください。

年金生活のシングルは先進国株式と先進国債券に分散して

次に、年金生活の倉木さんのケースを考えてみましょう。

倉木さんの年金の手取り収入から生活費を引いた金額は１万円です。しかし貯金や保険で１０００万円ありますから、既に生活防衛費は確保できています。

そこで、手取りから生活費を引いた余剰金と、夫が残してくれた自社株の配当金を使って投資をスタートしましょう。ただし配当金は注意が必要です。年間20万円程度とのことですが、この金額は企業の決算状況によって毎年変わりますので、安全を見越して年間12万円（月１万円）としておきます。つまり、余剰金１万円と配当金１万円で月２万円の積立です。

積立できる金額が２万円くらいであれば、９マスの中の⑥先進国株式と④先進国債券を使いましょう。⑥先進国株式と④先進国債券の割合は、１０３ページのリスク許容度に応じて、次が目安となります。

- 元本重視型～堅実型……⑥先進国株式50％：④先進国債券50％

・安定運用型……⑥先進国株式70％：④先進国債券30％
・安定成長型～成長重視型……⑥先進国株式１００％

なお倉木さんの場合、現在の保有資産はすべて円建てですから、⑥先進国株式のマス目だけ使ってもある程度の分散になります。

■年金生活の方にオススメの９マス分散

	債券	不動産	株式
国内	①	②	③
海外先進国	④	⑤	⑥
海外新興国	⑦	⑧	⑨

■年金生活の方にオススメの投資信託

⑥先進国株式

・eMAXIS Slim米国株式（S&P500）
・楽天・全米株式インデックス・ファンド
・eMAXIS Slim全世界株式（オールカントリー）
・ニッセイ外国株式インデックスファンド

④先進国債券

・eMAXIS Slim先進国債券インデックス
・ニッセイ外国債券インデックスファンド

※すべてNISAで購入できる投資信託の中で選んでいます

先進国債券への投資の注意点

先進国の債券のリスクは低いのですが、為替の影響を受けます。この為替の影響をリスクと考えるのかリターンとして考えるかで、ポートフォリオに採用するのかどうかを検討すべきでしょう。年金生活の倉木さんのように、保有している資産がすべて円建ての貯金や保険、国内株でしたら、海外資産として保有する価値があります。

なお、海外の債券・株式の投資信託では「為替ヘッジあり・なし」の区別があります。投資信託は円で購入しますが、実際の運用では外貨で投資しますので、購入時より円高になると損失（為替差損）が発生してしまいます。この為替による損失を回避するために、一定の為替レートで円に戻すことを予約することを、為替ヘッジと言います。

為替ヘッジを行うには手数料がかかります。国内の投資信託の場合、外貨建ての商品でも円で買って円で売るわけですから、手数料を支払ってでも為替ヘッジがあった方がいいと、あなたは考えるかもしれません。

しかし長期間積立投資するのでしたら、実は為替ヘッジはなくてもいいのです。長期間の積立をしている間に為替が上がったり、下がったりしますので、結果的には平均値に落ち着くからです。

9 mass investment column

2 メイン収入は大黒柱のパートナーです。9マスの選び方は？

シングルインカム世帯は国内と先進国、債券と株式への分散を

パートナーの1人が大黒柱として働いていて、もう片方は無職、または税金の扶養の範囲内で働いているご家庭です。いわゆるシングルインカム世帯です。ここでは、そんなシングルインカム世帯の9マスの使い方として、次のモデルケースで考えてみましょう。

・シングルインカム4人家族の葉月さん一家

葉月さん一家は37歳の夫、34歳の妻、5歳と2歳の未就学児ふたりの4人家族です。夫の年収は600万円で月の手取り額は約34万円、妻は扶養内のパートで月額8万円です。生活費は35万円ほどかかります。マイホームは住宅ローンを組んで購入

しました。貯金は３００万円くらいありますが、これからの子どもの教育費が心配です。

葉月さん一家には生活防衛費35万円×６カ月分＝２１０万円以上の貯金がありますので、手取り収入から生活費を引いた７万円が、余裕資金として毎月の積立投資に回せます。

マイホームは購入していますので、次の大きなライフイベントは、子どもの教育費ですね。小学校から高校までは、なるべく生活費の中でヤリクリしましょう。生活費の中でヤリクリできないのは、大学費用です。まだ進路が決まっていませんので、私立文系の大学費用約４００万円と、塾費用や受験費用として３００万円の７００万円を目安としましょう。ふたり分で１４００万円です。

教育費が最初に必要になるのは13年後ですが、高校受験などでもお金が必要になることを考えると、リスク許容度は少な目に考えた方がいいでしょう。安全性も確保しつつ収益性も考慮した９マスのオススメのマス目の使い方は、①国内債券、③国内株式、④先進国債券、⑥先進国株式への分散です。

国内の株式と債券、先進国の株式と債券に分けるのは、円建てと外貨建ての両方を保有することで為替のリスクを軽減するためです。特に⑥先進国株式は必須になります。

マス目の配分目安は、１０３ページのリスク許容度の結果に応じて、次の通りとなります。

- 堅実型～安定運用型……①国内債券25％：③国内株式25％：④先進国債券25％：⑥先進国株25％
- 安定成長型～成長重視型……①国内債券15％：③国内株15％：④先進国債券35％：⑥先進国株35％

なお、堅実型の方は、余裕資金7万円すべてを投資に回さずに、ご自身の性格的なリスク許容度に合わせて金額を決めてもいいでしょう。

■シングルインカム世帯にオススメの9マス分散

	債券	不動産	株式
国内	①	②	③
海外先進国	④	⑤	⑥
海外新興国	⑦	⑧	⑨

■ シングルインカム世帯にオススメの投資信託

①国内債券

・eMAXIS Slim国内債券インデックス
・Smart-i 国内債券インデックス
・DLIBJ公社債オープン（短期コース）

③国内株式

・eMAXIS Slim国内株式（TOPIX）
・たわらノーロード日経225

④先進国債券

・eMAXIS Slim先進国債券インデックス
・ニッセイ外国債券インデックスファンド

⑥先進国株

・eMAXIS Slim米国株式（S&P500）
・楽天・全米株式インデックス・ファンド
・eMAXIS Slim全世界株式（オールカントリー）
・ニッセイ外国株式インデックスファンド

※すべてNISAで購入できる投資信託の中で選んでいます

国内債券への投資のメリット

9マスの9つの資産は、番号が若い順ほどリスクが少なくなります。つまり、9つの資産の中で一番番号が若い国内債券は、もっともリスクが少ない資産です。

リスクとリターンは表裏一体ですから、リスクが少ない分、リターンも少なくなります。そのため、金利が上がるとマイナスリターンになることもありますが、それでも景気のステージによっては預金よりもリターンが高くなるのが魅力です。

国内債券は、景気後退期にもっとも収益性が高くなります。株式の資産がマイナス、円高の影響で先進国債券も新興国債券もマイナスの中、国内債券だけがプラスのリターンということもあります。ですから、国内債券の投資信託がポートフォリオに入っていれば、景気後退期にクッションの役割をしてくれます。

いつ景気後退期に入るのか予測するのは難しいですから、金利の高い景気回復期に安く購入しておきましょう。そうすればいつ景気後退期になっても安心です。教育費など、景気が後退しているからと言って出費を後延ばしにできないライフイベントがある場合には、特に国内債券を入れた「景気動向に左右されにくいポートフォリオ」を考えることが大切です。

国内株式への投資のメリット

国内株式は、世界経済に対する景気敏感株と評価されることがあります。景気敏感株とは、景気のサイクル的な変動に素早く反応して株価や業績が変動することを指します。

そのため国内株式は、米国株式と比較すると景気後退期に、いち早く売られることがあります。ただし逆も然りで、時流にのると大きく値上がりするケースもあります。実際に2024年には日経平均株価が4万円台と、史上最高値を更新しました。

日本の景気が良くなるきっかけは、輸出が伸びることです。日本の大企業のほとんどが輸出企業ですから、輸出が伸びると日経平均株価やTOPIXなどの指数に連動している投資信託もプラスのリターンになります。そして日本の輸出が伸びるきっかけは何かと言うと、円安です。円安になると円換算した売上高が増加する上に、外貨で換算すると日本製品は「安く」なり、価格競争力がアップするからです。

また、為替が円高でも海外先進国株が上昇することもあります。株価が上がっても円高であれば、先進国株の投資信託のリターンは下がります。つまり先進国株式と国内株式ではじゃっかん値動きが異なります。これが、先進国株式と国内株式に分散投資をする意義なのです。

3 夫婦共働きの家庭では9マスをどのように使ったらいいですか？

ダブルインカム世帯は不動産への投資も組み入れて

夫婦とも正社員で共働きの、いわゆるダブルインカム世帯であれば、世帯収入は高くなります。投資に回せる資金力も高くなりますから、9マスのマス目を多く使うことができます。

一般的に株価は国が異なっても、おおむね同じ方向に動きます。債券も同様です。しかし、地域が違うと景気循環のタイミングが多少変わりますので、9マスのマス目をたくさん利用することでリスク削減に繋がります。

ここでは、そんなダブルインカム世帯の9マスの使い方として、次のモデルケースで考えてみましょう。

・ダブルインカム４人家族の夏目さん一家

夏目さん一家は42歳の夫、同級生で42歳の妻、９歳と7歳の小学生の子どもふたりの４人家族です。世帯年収は1000万円。月の手取り額は夫婦共に約32万円です。生活費は月に43万円です。マイホームは住宅ローンを組んで購入。貯金は500万円くらいですが、子どもの進学先は、中学校から私立を考えているので教育費が４年後からかかります。

貯金は十分にありますが、中学受験を控えていますので、預金はこのまま温存して投資には回さない方がいいでしょう。手取り収入32万円×２＝64万円から生活費43万円を引いた21万円が余裕資金です。

大きなライフイベントは、子どもの私立中学受験です。私の子どもも私立中学を受験しましたが、受験前の進学塾の費用を3年間で400万円くらいかけてしまいました。もっと節約できるとは思いますが、夏期講習や日曜特訓などのオプションを付けると費用はかさみますので、預金は温存しておいてくださいね。

私立中学の学費に関しては、進学先にもよりますが3年間で450万円くらいです。高校も私立ですから、合わせて900万円ですね。大学費用は、シングルインカムの葉月さんと同様に私立文系として700万円準備したいところです。中学から大学までの学費で1人1600万円、2人分で3200万円となります。

私立中学受験の塾費用は預金から支払うとして、余裕資金21万円のうち、投資に回せるお金は18万円くらいと考えるといいでしょう。金額が大きいので、かなりの分散ができます。

安全性と収益性も考慮した9マスのオススメのマス目は、①国内債券、③国内株式、④先進国債券、⑤先進国不動産、⑥先進国株式、⑦新興国債券、⑧新興国株式を103ページのリスク許容度に合わせて配分していきましょう。

- 安定運用型……①国内債券25%：③国内株式20%：④先進国債券20%：⑤先進国不動産5%：⑥先進国株式25%：⑦新興国債券5%（※⑨新興国株式は0%）
- 安定成長型～成長重視型……①国内債券15%：③国内株式25%：④先進国債券15%：⑤先進国不動産5%：⑥先進国株式30%：⑦新興国債券5%：⑨新興国株式5%

細かく資産を分けることになりますが、私立の中高一貫校では修学旅行や勉強合宿などの費用もかかりますので、分散によってリスクを削減しておくと安心です。学費で使わなかった投資信託は老後資金に回すこともできますので、リスク許容度に合わせて新興国株式へも配分しておきましょう。

■ダブルインカム世帯にオススメの9マス分散

	債券	不動産	株式
国内	①	②	③
海外先進国	④	⑤	⑥
海外新興国	⑦	⑧	⑨

■ ダブルインカム世帯にオススメの投資信託

①国内債券

・eMAXIS Slim国内債券インデックス
・Smart-i国内債券インデックス
・DLIBJ公社債オープン（短期コース）

③国内株式

・eMAXIS Slim国内株式（TOPIX）
・たわらノーロード日経225

④先進国債券

・eMAXIS Slim先進国債券インデックス
・ニッセイ外国債券インデックスファンド

⑤先進国不動産

・eMAXIS Slim先進国リートインデックス
・Smart-i先進国リートインデックス

⑥先進国株式

・eMAXIS Slim米国株式（S&P500）
・楽天・全米株式インデックス・ファンド
・ニッセイ外国株式インデックスファンド

⑦新興国債券

・iFree新興国債券インデックス
・インデックスファンド海外新興国債券（1年決算型）

⑨新興国株

・eMAXIS Slim新興国株式インデックス
・SBI・新興国株式インデックス・ファンド

※すべてNISAで購入できる投資信託の中で選んでいます

先進国不動産への投資のメリット

不動産への投資では、その国の人口の推移との関係を考慮する必要があります。

そして先進国不動産に投資する投資信託では、その投資先の約80％を「ＵＳリート」が占めています。つまり米国不動産への投資です。そのため通貨も、ほとんどが米ドル建てとなります。

米国は、先進国ではめずらしく人口の増加が続いている国です。そのため常に不動産の需要が続いています。

なお、過去のデータによると「米国リート指数が暴落すると、米国や日本の株価も下がる」という現象が確認されています。「米国の長期金利が上昇→米国不動産（リート）が下落→米国株式が下落→米国が金利を引き下げる金融政策緩和を開始」というパターンが１９７４年から数回起きているのです。中には、不動産の方が株式よりも数か月早く下落を始めるケースもあります。

そのためポートフォリオに先進国不動産を含めておくと、株価下落のサインに気づきやすいというメリットも少なからずあります。いわば未来予測に役立つのです。

9 mass investment column

新興国債券への投資のメリットと注意点

新興国債券の魅力は、なんと言っても「高金利」です。高金利である新興国債券に投資するため、投資信託の分配金も非常に高配当になります。そのため、過去に高い分配金の新興国債券の投資信託がブームになったこともあります。

ただし、債券は発行体である国や企業などの信用度が高いほど金利が低く、信用度が低いほど金利が高くなります。そして信用度が低い債券ほど、債券の発行体である国や企業などが倒産あるいは財政難に陥った場合に、決められた通りの利子や償還を受けられなくなる、債務不履行リスクが高くなります。新興国債券の金利が高いのは、新興国の信用度が先進国より低いからだということは理解しておいてください。

また、債券は株式に比べれば価格の変動は少ないのですが、新興国債券は、株式の急落に備えるためのリスクヘッジにはあまり使えません。ただし、株価の低迷が長引いた頃から景気回復する頃にかけて、新興国債券は、価格が上昇する性質があります。これは、景気回復を促進するために、先進国の中央銀行が金利の引き下げをすることで、先進国の債券の魅力が低下し、高金利の新興国債券の魅力が増すためです。先進国の債券よりも高金利なこと、先進国債券とは違う値動きをすることが、新興国債券の利点です。

新興国株式への投資のメリットと注意点

新興国株式の魅力は、先進国と比べ高い経済成長率です。過去にも新興国株の投資信託ブームがありました。豊富な資源や今後の人口増加期待などから大きなリターンを狙えるのが魅力です。

その一方で、政治や経済、社会情勢の不安によって株価が暴落する危険性もあります。特に世界的に株価が大暴落する中では、もっともリスクが高くなります。そして先進国と比較すると、株価の低迷が長く続くこともあります。

したがって、ポートフォリオに組み入れる際には、あなたのリスク許容度を考慮してください。投資するのであれば、1つの新興国に絞った投資信託よりも、複数国で構成される投資信託を選ばれることをオススメします。投資先の国の1つが大幅に下落するようなことがあっても、複数国に投資するタイプならば、資産全体で受けるダメージは小さく抑えられるからです。すべての新興国株式が大暴落して、低迷も長いというわけではなく、国ごとに株価の下落率や回復のスピード、タイミングは異なってきます。また先進国株と値動きが違うこともリスク削減に繋がります。1つのマス目だけではなく、広く世界に網を張っておけば、効率よくリターンが獲得できるのです。

9 mass investment column

4

老後がすぐに迫っているので投資で効率よくお金を増やしたいです

如月さんはリスクを取り過ぎない9マスの使い方がオススメです

子どもの教育費も終わって、さあこれから老後資金を全力で貯めようという時期が、60歳前後のアラカン世代です。老後がもうすぐ迫っていますが、慌ててリスクを取り過ぎてはいけません。運用（保有）期間が5〜10年程度あれば、大きなリスクを取る必要はないのです。リスクとリターンの落としどころを考えて行動しましょう。

ここでは、そんなアラカン世代の9マスの使い方として、次のモデルケースで考えてみます。

・老後がもうすぐ！　アラカンの如月さん一家

如月さん一家は58歳の夫と55歳の妻のふたりで暮らしています。子どもは独立して家を出ました。世帯年収は６００万円。夫の月の手取り月額は約26万円、妻の手取り月額は約16万円です。ただし60歳の定年後の再雇用では、夫の手取り月額は22万円くらいになる予定です。

生活費は月に37万円です。マイホームの住宅ローンはあと15年残っています。ローンの残高は約１８００万円です。残金の返済には退職金を利用しようと考えています。貯金は１０００万円くらいありますが、65歳までにあと１０００万円増やしたいと考えています。


子どもの教育費の支払いが終わって、老後資金を増やすためのラストスパートです。気になる点は２つあります。

１つは、夫婦ふたりの生活費として月額37万円は少し多い点です。再雇用になると収入が減るので、生活レベルを落とすことが必要です。

そして、もう１つは住宅ローンのあと15年残っているということです。そのままでは完済が73歳となってしまうため、それを避けるために住宅ローンは退職金で繰上返済して完済する予定のようですが、住宅ローンというのはローンの中でももっとも低い金利の商品です。退職金ですべて完済するのではなく、今後の支出もよく考えて、退職金を残す部分も考える必要があります。今後の支出予定がわかりませんので、正解の価格は導けませんが、労働収入がなくなる65歳で完済するか、もしくは73歳まで年金でローンを支払える程度の繰上返済と考えるといいでしょう。

さて、投資に回せる資金ですが、今後年金生活に突入することを見越しておくと、生活防衛費は6カ月分ではなく1年間分を確保したいです。37万円×12カ月＝444万円です。

すると、預金から運用に回せるのは1000万円－444万円＝556万円です。これを一括で運用するのではなく、5年くらいに分けて運用します。景気循環は平均で4～10年周期なので、5年間積立をすると、すべての景気ステージで安価に買える資産があるからです。

5年間の積立と考えると、年間で111万円、月額だと9万円です。さらに、現時点での収入から生活費を差し引いた余裕資金は42万円－37万円＝月5万円ですから、合わせて月14万円を投資に回せるといいでしょう。

安全性を確保しつつ効率性も考慮した9マスのオススメのマス目は①国内債券、③

国内株式、④先進国債券、⑥先進国株式です。マス目の配分は１０３ページのリスク許容度に応じて、次のようになります。

・堅実型〜安定運用型……①国内債券25％、③国内株式25％、④先進国債券25％：⑥先進国株式25％
・安定成長型……①国内債券15％：③国内株式15％：④先進国債券35％：⑥先進国株式35％

なお、堅実型の方は月14万円すべて投資に回さずに、ご自身の性格的なリスク許容度に合わせて金額を決めてください。ただし目標額を達成するには、目安として月7万円の積立を10年間続けたいところです。65歳以降も3年程度仕事を続けるといいでしょう。

また、安定成長型の方は、年金生活に入ってから、積立をストップしても10年程度は運用（保有）を続けてくださいね。運用が長ければ、積立をストップしても増えていきます。老後の物価上昇に備えておきましょう。

年金生活に入ったとしても物価上昇に備えることは必須です。最低限でも全資産のうち30％は、株式で保有しましょう。物価の上昇で自分の寿命よりも資産の寿命が先に尽きてしまうのを避けるためです。

■アラカン世代にオススメの9マス分散

	債券	不動産	株式
国内	①	②	③
海外先進国	④	⑤	⑥
海外新興国	⑦	⑧	⑨

■アラカン世代にオススメの投資信託

①国内債券

・eMAXIS Slim国内債券インデックス
・Smart-i国内債券インデックス
・DLIBJ公社債オープン（短期コース）

③国内株式

・eMAXIS Slim国内株式（TOPIX）
・たわらノーロード日経225

④先進国債券

・eMAXIS Slim先進国債券インデックス
・ニッセイ外国債券インデックスファンド

⑥先進国株式

・eMAXIS Slim米国株式（S&P500）
・楽天・全米株式インデックス・ファンド
・ニッセイ外国株式インデックスファンド

※すべてNISAで購入できる投資信託の中で選んでいます

5 ９マスの組み合わせを自分で考えたい場合はどうすればいいですか？（上級編）

自分でポートフォリオを考えるなら相関を学ぼう

ここまで様々なモデルケースを紹介してきましたが、この章の最後に、ご自身で９マスの組み合わせ（ポートフォリオ）を考えたい場合の考え方について説明しましょう。難しいと感じるのであれば、ここは飛ばして次の章を読み進めてくださいね。

さて、ポートフォリオを考える時に、どの資産を組み合わせるとリスクを軽減できるかを知るには「相関」について学ぶ必要があります。

相関とは、２つ以上の金融商品があるとして「一方が変われば、他方もそれにつれて変わる」とか「あるものの影響を受けて関わり合っている」とか言うように、互いに関係があることを言います。

逆相関ならポートフォリオのリスクは小さくなる

少しわかりにくいので、具体的に株式Aと債券Bの2つの資産を保有している場合で考えてみましょう。

まず、極端な例として、株式Aと債券Bのリターンが完全に逆向きに連動している場合を考えてみます。例えば、ある日の株式Aがプラス2・0％なら債券Bはマイナス0・9％、また別の日は株式Aがマイナス1・9％なら債券Bがプラス0・7％というように、プラスとマイナスが必ず逆転しているケースです。これを「負の相関」または「逆相関」と言います。

この場合、株式Aから損失が出ている時は、債券Bからは必ず利益が出ていて、逆もまた然りなので、株式Aからの損益と債券Bからの損益が打ち消し合って、ポートフォリオ全体のリターンのブレは小さくなります。つまり、ポートフォリオのリスクは小さくなります。

順相関ならポートフォリオのリスクは大きくなる

次に逆の例で、株式Ａと債券Ｂのリターンの方向が必ず同じ場合を考えましょう。つまり、ある日の株式Ａがプラス２・０％なら債券Ｂがプラス０・９％、また別の日は株式Ａがマイナス０・９％なら債券Ｂがマイナス０・７％というように、プラスとマイナスが必ず同じになるケースです。これを「正の相関」または「順相関」と言います。

この場合だと、株式Ａから損失が出ている時は、債券Ｂからも損失が出ていて、逆も然りなので、ポートフォリオ全体のリターンのブレ、つまりポートフォリオのリスクは大きくなります。

相関係数によってポートフォリオのリスクが変わってくる

そして、このような資産間の連動性は「相関係数」と呼ばれる統計指標で表すことができます。相関係数はマイナス１〜プラス１までの値を取り、相関係数がプラス１の時は先ほどの順相関の例のように、両者が完全に連動していることを示します。反対に逆相関の例のように両者が逆向きに連動している場合、相関係数はマイナス１の値を取ります。相関係数が０の時は、両者の動きが連動しておらず、バラバラに動いていると考えられます。まとめると、次の通りです。

・相関係数がプラスなら、資産の値動きは同じ方向
・相関係数が0なら、値動きは連動しなくてバラバラ
・相関係数がマイナスなら、資産の値動きは逆方向

ポートフォリオのリスクがもっとも小さくなるのは、相関係数がマイナス1の時です。そして、相関係数の値がマイナス1からプラス1に向かって大きくなっていくにつれて、ポートフォリオのリスクも大きくなっていきます。資産間の相関係数が高いか低いかによって、ポートフォリオのリスクが変わってくるわけです。

逆相関の資産を組み合わせるのがポートフォリオの基本

このため、資産間の相関係数を考えることは、投資において非常に重要なポイントになります。つまり、相関係数が0に近いものから、マイナスの資産までを組み合わせることで、ポートフォリオのリスクを減らすことができるのです。

景気サイクルを完璧に予測することはできませんので、ポートフォリオには株価が

下がってしまうことへの「備え」をしておくことが大事になります。逆相関になっている資産を組み入れると株価下落の時のクッションになります。

代表的な資産の直近10年間の相関係数は、ＪＰモルガン・アセット・マネジメントのウェブサイトで調べることができます。

９つの資産のうち、どの資産を保有するのかは、第３章で紹介した、あなたが取れるリスクや中長期的な市場状況を鑑みて決めるといいですね。

■JP.モルガン・アセット・マネジメントのウェブサイト

https://am.jpmorgan.com/jp/ja/asset-management/per/insights/market-insights/guide-to-the-markets/

※資産クラス間の相関係数はスライドの55ページ目

第5章 投資信託を買い進めるために必要な知識

この章では、投資信託を購入するための知識をお伝えします。購入方法や、投資で失敗しないための心理などです。また、読むのが難しいと思っている投資信託の取り扱い説明書である「目論見書」の読み方もご紹介します。

1 ９マスの資産は、どうやって購入したらいいですか？

「安い時に買う」は実行不可能

ここまで、世界中の資産を大きく9つに分けて投資する「９マス分散式」の考え方を説明してきました。実際にこの９マス分散式に従って投資する際には、それぞれのマス目に合った投資信託を選んで購入していくわけですが、それではその投資信託をどう買い進めていけばいいのでしょうか？

第2章では「一括より積立の方が安全」とお伝えしました。それは時間の分散の効果が発揮されるからでしたね。

一方、投資で大きく利益を得るには「安い時に買って、高い時に売る」ことだとよく言われます。それが正しければ、安い時に一括して買った方がいいということになります。

いったい、どちらが正解なのでしょうか？

実は「安い時に買って、高い時に売る」というのも、理屈の上では確かに正しいのです。ただし、言うは易く、行うは難し。いざ実行しようとすると、すぐに不可能だということに気づくはずです。

なぜなら「いつ安く（あるいは高く）なるのか」「今が安い（あるいは高い）時なのか」を正確に判断することは、とても困難だからです。投資のプロですら、判断を誤ることがしばしばあります。ましてや、これから投資を始める初心者がそれを見極めるのは不可能でしょう。「安い時に買おう」と思っていると、いつまでたっても投資を始められない可能性すらあります。

毎月一定額の積立投資がオススメ

つまり、現実的な買い方として正解なのは、やはり「一括より積立」なのです。

特にオススメしたいのが、毎月一定額で同じ投資信託を買い増していく方法です。「毎月一定額」というのがポイントで、例えば毎月3万円なら、毎月同じ投資信託を3万円で買えるだけ購入するわけです。

そのように購入すると、買える口数は、その投資信託の価格が安い時は多く、高い時には少なくなります。そして結果的に、平均購入単価を抑えることができるのです。

これは「ドル・コスト平均法」と言って、投資のプロの世界でも効果が認められている手法です。リスクを抑えて長期的なリターンを安定させることを目指す9マス分散式には最適な買い方と言えます。

自動積立サービスを活用すれば手間もストレスも軽減される

そして、もう一つオススメしたいのが、その毎月一定額の積立を自動化できるサービスを利用することです。

現在、多くの証券会社では、自動積立サービスを提供しています。そのサービスを利用して、買付代金の設定をカード支払いにしておけば、「ほったらかし」にしておいても毎月購入が可能になります。

2024年3月に内閣府令が一部改正され、クレジットカードを利用した投資信託の積立の上限額が月10万円まで引き上げられましたので、初心者には十分な金額が積立できるはずです。

もちろんそのようなサービスを利用しなくても、手作業で毎月定額の積立投資をすることは可能ですが、それでは手間がかかります。また、値段が上がったり下がったりする中で毎月定額を買っていくのは、意外と心理的負担が大きいものです。あなたは、購入した投資信託が値下がりしてマイナスが大きくなっていく状態で、平常心を保って同じ投資信託を買い増すことができるでしょうか？

カード払いの自動積立サービスを設定して、後はほったらかしにしておけば、そのようなストレスを感じることなく、着実に積立を進めていけます。投資初心者ほど活用してほしいサービスです。

2 購入している投資信託が値下がりしたのですが、積立を中止した方がいいでしょうか？

途中でストップしたら積立のメリットが生かせない

私たち人間には「損失回避性」という心理があります。利益から得られる満足よりも同額の損失への苦痛の方が大きいことから、損失を利益より大きく評価する心理のことです。つまり「得するかも」という期待より、「損したくない」という恐怖の方が強いということですね。

そのため、積立している投資信託の値段が下がっている局面では、「積立を中止した方がいいでしょうか？」というご相談が増えます。「これ以上積立を続けると、損失が拡大する一方ではないか」という恐怖心が勝ってしまうのですね。

中には積立を中止するだけでなく、これまで積立してきた投資信託を売却してしまう方すらいらっしゃいます。それだけ損失が拡大していく恐怖が強く、そのストレスに耐えられなかったのでしょう。

しかし、これは悪手です。

前節でも説明したように、定額積立投資のメリットは、値段が安い時にたくさん買い、値段が高い時には少しだけ買うことで、平均購入単価を抑えることができるというものです。ここで積立を中止したり、投資信託を手放してしまっては、そのメリットを生かせません。価格下落局面はむしろ安くたくさん買うことで、平均購入単価を引き下げられるチャンスなのです。積立投資の場合、値下がりしてマイナスになっていたとしても、絶対に積立をストップしてはいけません。

売却をしなければ「本当の損」にはならない

それでも不安だ、という方は、第2章でお伝えした景気サイクルの話を思い出してください。9マス分散式は長期分散投資のためのメソッドです。長い運用期間の間には価格下落の局面もありますが、いずれ価格上昇の局面も巡ってきます。景気は循環しているのです。

投資信託の価格が購入時の価格を下回っている時、そのマイナス分を「含み損」と言いますが、含み損はあくまで「今、売却したら」という仮定に基づいた数字に過ぎません。売却しなければ、実際の損にはならないのです。

しかし、「これ以上は損したくない」という気持ちに負けて投資信託を売却してしまったら、その瞬間に損失が確定してしまいます。その後、景気の循環に伴い投資信託の価格が回復してきても、一度確定してしまった損失が戻ってくることはありません。

損失が確定することを承知で売却することを「損切り」と呼びますが、損切りは短期売買で利益を狙う場合には有効なこともあるものの、積立投資では必要ありません。積立投資は損切りしない購入方法なのです。

もし「これ以上含み損が出たら予定していた出費に間に合わない」という場合は、そもそも投資に回してはいけない資金を投資してしまっている可能性があります。第3章を見直して、家計面から取れるリスクを再確認してみましょう。

3 投資信託がどんどん値上がりしているのですが、投資のチャンスでしょうか？

1万円の牛乳を買おうとしていないか？

例えば、どんなに美味しい牛乳でも1リットルの牛乳1パックを1万円で購入してしまう人はいないですよね。乳製品が値上がりしていると言っても牛乳1リットルの価格は、高くても2000円くらいです。1万円となると、明らかに高過ぎます。

なぜいきなり牛乳の話をしたかと言うと、牛乳なら誰でもそうした合理的な判断ができるのに、株や投資信託などの金融商品だと、2000円くらいの価値の銘柄を1万円で購入してしまう人が出てくるからです。

特に価格が右肩上がりで上昇し続けている局面では、「今買えば、もっと高くなるのではないか」と、よく調べることもせずに、高値で購入してしまう人がいます。そういうケースでは、得てして買った価格が天井圏で、後は価格が反転して下落局面に入ってしまうということも少なくありません。そうなってから「どうすればいいでしょうか」と相談を受けることもありますが、どうしようもないというのが本当のところです。

確証バイアスにはまらないためにも定額積立が大事

そういう人が、なぜ高値で購入してしまうのかと言えば、いったん「もっと上昇する」と考えてしまうと、「まだまだ上がる」という情報ばかりが目に飛び込んでくるようになるからです。

これは、行動経済学で「確証バイアス」と呼ばれるものです。人間には、自分にとって都合の良い情報ばかりを集めて、どんどん思いを強くしてしまう傾向があります。

こうした心理的なワナにはまらないためにも、定額積立投資の原則を守ることが大切です。いったん「毎月この金額」と決めたら、市場がどのような状況になろうとも一定金額を守ることが、結局は大切な資産を守るのです。

もちろん、投資に回せる余裕資金が増えてきたので積立金額を上げるということなら構いませんが、その場合でもあくまで9マスに分散して積立金額を上げるべきであり、「今、これが上がっているから」という理由で特定の商品に集中して投資するのは避けるべきです。安易にポートフォリオのバランスを変えないようにしましょう。

景気は循環しているのですから、いつまでも価格が上昇し続けることなどあり得ません。そして、いつ天井が訪れて市場が反転するか、正確に予測することは不可能です。そのことを決して忘れないでください。

4 投資信託の値段が上がって利益が出たのですが、下がらないうちに売却すべきでしょうか？

短期的な利益のために売却しないのが長期投資

こんな質問をいただいたことがあります。

「今までに見たことのない株価の上昇で投資信託の保有銘柄もトータルで20万超えの利益が出ていました。ところが、利益を目の前にして迷っている間に最近の株価が下落して、6万ほど値下がりして利益は14万円に減ってしまいました。素早く売却しておいた方が良かったのでしょうか？」

この質問された方は、投資を始めてまだ2年程度の方でした。「長期投資」に年限はありませんが、私は少なくとも5年以上は運用を続けてほしいと思っています。

そして、いったん「何年間の積立投資をする」と決めたら、その年数は必ず積立を続けるべきです。なぜなら、目先の小さな利益に惑わされて途中で売却してしまうよりも、予定通りの運用を続けた方が、最終的な利益は大きくなる可能性が高いからです。

そういう意味では、この相談をされた方は「迷った」ことで途中売却せずに済んだわけですが、これを読んでいるあなたは、同じような局面になっても「迷わず」運用を続けてくださいね。

長期投資をふいにする現在志向バイアスに注意

人は必ずしも合理的な選択をするとは限りません。

例えば「今10万円をもらうのと、1年後に10万2000円をもらうのと、どっちがいいですか？」と聞かれたら、多くの方が今の10万円を選ぶ傾向があります。冷静に考えれば、2024年時点の金利では10万円預金しても2％の利息は付きませんから、1年待って10万2000円をもらった方が、かなりお得ですよね。それでも、多くの人は現在の小さい利益に目を奪われ、将来の長期的な利益を逃してしまうのです。

これを行動経済学で「現在志向バイアス」と言います。

特に投資の世界では、この現在志向バイアスのワナにはまる人が少なくありません。長期投資のつもりで積立を始めたのに、小さな利益を得るために途中売却してしまうのは、その代表例と言ってもいいでしょう。

ですから、もしそのような誘惑に駆られた時は、冷静になって考えてみましょう。途中売却で得られるその利益は、もともとあなたが目指していた長期投資で得られるリターンをふいにしてまで手に入れる価値があるものでしょうか？

自分が現在志向バイアスにとらわれていないか、しっかりと考えましょう。

5 投資信託は、どうやって選べばいいですか？

基本はインデックス型の投資信託を選ぼう

投資信託はたくさんありますので、何を選んだらいいのか迷ってしまう方は多いでしょう。第4章でもオススメの投資信託を紹介しましたが、あれは現時点で私がオススメできるものに過ぎません。新しい投資信託も次々発売されますから、できればあなたご自身がいいと思う投資信託を選べるようになりたいですね。

では、どのような投資信託を選ぶべきなのでしょうか？

投資信託は大きく分けて2種類に分類できます。運用スタイルの違いなのですが、インデックス型（パッシブ型）とアクティブ型に分けられます。

①インデックス型

インデックス型投資信託のインデックスとは、市場全体の動向を表す指数のことです。日本株ならＴＯＰＩＸや日経平均株価、米国株ならダウ平均株価やＳ＆Ｐ５００などですね。そのような指数に連動した値動きを目指して運用するのがインデックス型の投資信託です。指数に連動することを目指すため、ファンドマネージャーが独自に銘柄を選ぶことがないので、手数料が低いことが特徴です。

②アクティブ型

専任のファンドマネージャーが投資信託の目的にあった銘柄を選び運用し、市場の平均を上回るリターンを狙うのがアクティブ型の投資信託です。インデックス型と違い人件費もかかりますので、信託報酬など手数料は高めです。

アクティブ型の投資信託の中には市場の平均を上回るリターンで運用されている銘柄もありますが、それを探し出すには相応の知識も必要になります。初心者であれば、インデックス型を選んでおくといいでしょう。

コストは徹底的に調べよう

もう一つ、投資信託選びで大切な判断基準になるのが、手数料です。

投資信託の手数料は、主に3つあります。「購入時手数料」「信託報酬」「信託財産留保額」です。それぞれ、購入時にかかる手数料、運用している間にかかる手数料、売却時にかかる手数料です。

①購入時手数料

投資信託を購入する際に、証券会社や銀行など販売している会社に支払う手数料です。

購入時手数料は販売会社がその比率を決めるので、ネットで取引するなど販売会社の手間が省ける取引の場合、手数料が安くなる傾向にあります。中には「ノーロード」と呼ばれる手数料無料の投資信託もあります。

②信託報酬

信託報酬は、投資信託を運用する会社に支払う費用です。投資信託を運用する間、純資産総額に対して支払い続けることになります。

純資産総額とは、投資信託の保有している株や債券から、負債を差し引いた金額です。つまり、個人で保有している口数に合わせるのではなく、投資信託全体の資産から差し引かれます。基準価額はこの信託報酬が差し引かれた後の価格なのです。イメージとしては、投資信託全体の資産から最初に手数料を差し引いて、個人投資家の保有している金額を割り出すのです。直接的に手数料を支払っていないので個人投資家が支払った金額は、表面的には出てきません。

毎日手数料を差し引かれているのですから、長く運用すればするほど、コストの差が出てきてしまいます。次ページの図は金融庁のつみたてＮＩＳＡのパンフレットから引用したものですが、信託報酬が１％違うと20年で約33万円もの差が出てしまうという試算もあります。運用成績に見合ったコストなのかをしっかり見極めてください。

■信託報酬率が1%違う場合の資産総額

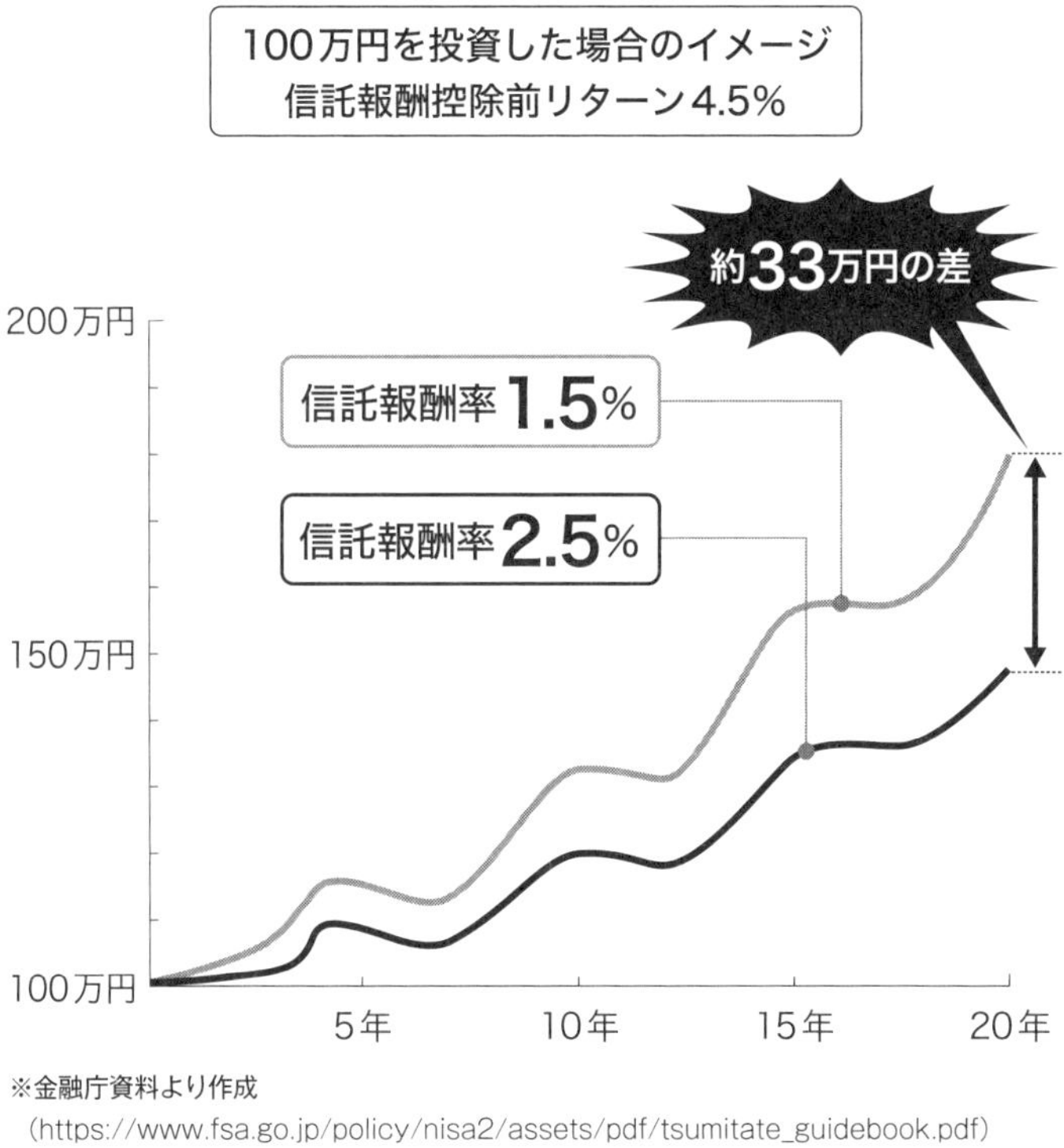

※金融庁資料より作成
(https://www.fsa.go.jp/policy/nisa2/assets/pdf/tsumitate_guidebook.pdf)

③信託財産留保額

信託財産留保額は、投資信託を解約する時に基準価額に対して支払う費用のことです。

投資家が投資信託を解約すると、運用会社はその投資家に現金を支払います。その現金を用意するためには、運用している株式や債券を換金しなくてはなりません。株式や債券を売るためには手数料など、いろいろな「費用」が発生します。その費用を解約した投資家が負担するのが、信託財産留保額です。

投資信託を長期で保有している場合、信託財産留保額がないと、短期で売買している人の手数料を支払い続けることになりかねません。ですから、解約した人が投資信託を保有している他の投資家のために残していくお金と言っても良いでしょう。長期間保有する投資家にとっては、この手数料は、あった方が良い手数料とも言えます。

投資信託が将来どのくらいリターンをもたらしてくれるのか、正確に予測するのは難しいですが、手数料は調べればわかります。ムダな手数料を支払わないことが、投資信託で利益を上げるためのコツとも言えるでしょう。

6 買ってはいけない投資信託はありますか？

テーマ型の投資信託には要注意

前節では投資信託の選び方を説明しましたが、逆に購入してはいけないタイプの投資信託もあります。

それはズバリ、テーマ型の投資信託です。

テーマ型とは、特定の業種やテーマに沿った銘柄を組み入れている投資信託のことです。近年だとインド株式やＡＩ（人工知能）やロボティクス（半導体）、宇宙開発などから、女性活躍会社などという投資信託もあります。時代の流れと共に新しいテーマ型の投資信託が発売されています。このような投資信託のすべてが悪いということではありませんが、魅力的なセールスにのって購入してしまわないように注意してください。

テーマ型は輝かしい未来を語りやすく、無料投資説明会などでそのテーマの将来性を語られると、とてもワクワクしてしまいます。「画期的な新製品で、バカ売れしています！」なんてセールストークされてしまうとついつい買いたくなってしまいがちですが、そんな時は少し立ち止まって考えてほしいのです。

個別銘柄と同じくらいリスクが高いことを理解しよう

実際に今後伸びそうな業界であれば、確かに夢はあります。でも、特定業種の企業ばかりを組み入れているということは、その業界に特有のなんらかの事情で、保有銘柄が一斉に暴落することもあるのです。

投資信託の良さは、少額でも複数の銘柄に分散投資できるということです。同じ業界の銘柄ばかりだと、十分に分散できているとは言えません。テーマ型の投資信託を購入するのは個別銘柄を購入するのと同じくらいリスクが高いのです。

それを理解して購入しているのでしたら良いのですが、無料説明会では、そういうリスクは紹介されません。そして、たいていがその時に値上がりしているテーマなので、高づかみしているケースがほとんどです。

さらに始末に負えないのが、一度テーマ型の投資信託を購入すると、そのテーマのピークが過ぎて価格が下がった時に「この商品を売却した資金で、この新しい投資信託を購入しましょう」と、また新たなテーマ型の投資信託を勧められてしまうことです。そんな話にいつまでも付き合っていたら、お金はどんどん目減りしてしまいます。

7 投資信託の目論見書の読み方がわかりません

どの目論見書でも書かれている項目は決まっている

投資信託の目論見書（もくろみしょ）とは、投資信託の取り扱い説明書のようなものです。専門用語が少し難しいですが、読みこなせると、とても興味深いです。

目論見書には、２種類あります。「交付目論見書」と「請求目論見書」です。

①交付目論見書

交付目論見書には投資信託の基本的な情報が記載されています。

交付目論見書は、購入時に販売会社が投資家に見てもらうことが義務付けられています。ネット証券では、交付目論見書のＰＤＦを開かないと次に進むことができません。

②請求目論見書

請求目論見書は、交付目論見書の内容に追加して、投資信託の沿革や経理状況といった詳しい情報が記載されています。

販売会社に請求して見るものなので、「請求」目論見書と言うのです。なんだか面白いネーミングですよね。運用会社のホームページでも確認できます。

ここでは必ず見る必要がある、交付目論見書についてご紹介します。大まかな構造は下図の通りで、どの投資信託の目論見書であっても、書かれている項目や用語、順番は決まっているので、同タイプの投資信託と比較するといいでしょう。

特にポイントとなる点（図中の①〜④）について解説します。

■交付目論見書の構造

商品分類・属性区分
①ファンドの目的・特色
②投資のリスク
③運用実績 ・基準価額・純資産の推移　・分配の推移 ・主要な資産の状況　・年間収益率の推移
④手続・手数料等 ・お申し込みメモ　・ファンドの費用・税金

「ファンドの目的・特色」はキーワードに気を付けて読む

特にアクティブ型の投資信託は、「ファンドの目的・特色」で書かれていることが、投資家であるあなたの目的と合っていないといけません。それを確認するためには、投資方針のポイントとなるキーワードを押さえてみてください。よく出てくるキーワードをご紹介しましょう。

・積極的な

例えば「株式に投資し、信託財産の中長期的な成長を図る」と掲載されていた場合、『積極的な』成長を図る」という表現が入るだけで、よりリスクを取った運用をする投資信託と判断ができます。

・定量と定性

定量とは、財務指標や株価指標等の数値で銘柄を探すことです。

一方、定性とは、経営方針や戦略など数値に表れない部分のこと。つまり、企業に取材して聞いた代表の話だったり、株主総会で聞いた話などを元に銘柄を探すことです。

投資信託の中には、定量分析しかしていない投資信託などもあります。つまり、自分の足で取材しないで、決算書などの情報だけで銘柄を選んでいる投資信託なんだとわかるのです。このあたりに気を付けて読むと面白く感じます。

・ベンチマーク

ベンチマークとは、投資信託の運用成果（パフォーマンス）を測定し評価するための基準のことです。通常は、投資信託の投資対象資産の代表的な市場指数がベンチマークとされます。例えば、国内株式を投資対象とするファンドではＴＯＰＩＸがベンチマークとされることが多いです。

ただしベンチマークのない投資信託もあります。

・グロース株とバリュー株

グロース株とは、企業の業績や利益の成長率が高く、今後も成長が見込める銘柄のことです。「成長株」とも言われます。

一方、バリュー株は、業績が良いにもかかわらず株価が安い状態で放置されている銘柄のことを言います。「割安株」とも言われます。

相反するものでもありませんし、どちらが良いということでもありません。投資信託のコンセプトと考えるといいです。

・トップダウンアプローチとボトムアップアプローチ

銘柄の探し方を表すキーワードです。わかりやすく忘年会の幹事になった時の「お店探し」の手法を例にお話しましょう。

トップダウンアプローチでお店を探す場合、宴会当日の天気予報や気温を調査したり、参加メンバーの好みも考慮しながら、和食・中華・イタリアンなど、どんなタイプの料理にするのかを決定します。その際に、過去の忘年会のデータを調べ、前回と同じタイプにならないように配慮します。次に参加者が集まりやすい場所、二次会へのアクセスも考えます。そしてさらに、予算も考えお店を絞っていくのがトップダウンアプローチです。

一方、ボトムアップアプローチでお店を探す場合では、とにかくお店にこだわります。自分の経験だけでなく、友人、先輩、上司などの意見を聞いて回り、美味しい店の情報を収集します。そして、今年の忘年会に合いそうなお店をピックアップして、一軒一軒食べ歩き、実際に自分の目と舌で確認して比較検討します。

このように全体を捉える視点で探すトップダウンアプローチと足で探すボトムアップアプローチと覚えるといいでしょう。

「投資のリスク」は多いから危ないわけではない

「投資のリスク」には、リスクというより価格が変動する可能性がある内容はすべて掲載していると表現した方がわかりやすいでしょう。したがって、リスクの数が多いから危ない投資信託ということではありません。

「金利変動リスク」「信用リスク」「為替変動リスク」などがありますが、これらのリスクはどの投資信託にも共通なものが多く、同じような言葉で書かれています。主なリスクについてご紹介しましょう。

・金利変動リスク

金利の変動によって値動きするリスクです。主に債券や不動産（リート）に大きく影響があります。

・為替変動リスク

円高・円安など、為替の変動によって値動きするリスクです。海外に投資する投資信託特有のリスクとなります。

・信用リスク

有価証券の発行体（国や企業など）の財政難、経営不振などの理由により、債務不履行（利息や元本などをあらかじめ決められた条件で支払うことができなくなること）が起こる可能性を言います。

株式・債券・不動産（リート）のどれにも当てはまります。株式の場合は、企業が倒産したら株券が紙切れになってしまうことですね。

・流動性リスク

売買が極端に少なくなることで取引が成立せず、売りたい時に売れない可能性があるということです。例えば、企業の不祥事などによる上場廃止が原因で、その企業の株式の売買の成立が極端に減少し、値が付かず売却できないという事態が起ることがあります。

こちらも株式・債券・不動産（リート）のどれにもあります。

「運用実績」は純資産の推移と主要な資産に注目

運用実績の項目は、いくつかのカテゴリーに分かれています。特に重要なカテゴリーについてご紹介しましょう。

・基準価額・純資産の推移

チャート付きのグラフで書かれている「基準価額・純資産の推移」のカテゴリーは、目論見書でもっとも注意して見てほしい部分です。

特にグラフの純資産部分が右肩上がりでない場合は、要注意。なぜなら、投資家の売却が増えているケースもあるからです。売却が多くなり、純資産が減少していくと、途中で償還（投資信託が運用を終え、投資家に返金すること）されてしまう可能性があるので、順調に増えているものが望ましいのです。

ただし外貨建ての資産で運用されている投資信託の純資産は、すべて円換算で表記されるので、円安時には高くなり、円高時には低くなります。そのため、投資家の売却がなくても右肩上がりにならないことがありますので、その点を考慮しましょう。

・主要な資産の状況

「主要な資産の状況」のカテゴリーも大事です。ポイントは、業界が分散されているかなどチェックすること。株式投資を経験している方ならば、どんな銘柄が上位にあるのかでファンドマネージャーの方向性も見えてくるので、興味深いでしょう。

「手続・手数料等」では償還について確認しよう

ここでわかりにくいのは、「償還」という言葉です。

投資信託は株や債券と同じ有価証券で、目論見書には「投資信託証券」と書かれます。投資信託も有価証券であることから、債券に用いる「償還」という用語が使われているのです。

債券は、満期日に債券の保有者に額面金額が払い戻されます。この満期日のことを償還日、払い戻すことを償還と言います。

投資信託の償還も、同じ意味です。最近は、償還日がなく無期限の投資信託が多くなりましたが、償還日を設けている投資信託は、目論見書の「信託期間」の日付が償還日となります。

また「繰上償還」の項目で信託期間中に、どのような状態になったら運用が終了してしまうのかを確認しましょう。ここを確認することも大切です。

目論見書は、見慣れない用語が難しく感じますが、ほとんどパターンが決まっているので、たくさんの投資信託の目論見書を読むと違いがわかってきます。私のようにマニアックに調べる必要はありませんが、ここでご紹介したポイントを参考に読んでみてください。

8 複数の投資信託のリスクを比べるにはどうしたらいいですか？（上級編）

プロは「標準偏差」でリスクを比較する

投資信託を始めとした金融商品のリスクを計る際に、投資のプロの分野では「標準偏差」を使っています。標準偏差とは、データ分析や統計学に出てくる言葉です。平均値では表せない「データのばらつき」を知るための便利なツールと思ってください。

要は、金融商品の運用成果のばらつきの程度（＝リスク）を数値化したものが「標準偏差」ということです。

例えば、ＮＩＳＡ口座の月間積立設定金額ランキングの上位に入っているeMAXIS Slim全世界株式（オール・カントリー）の標準偏差を見てみましょう。投資信託の場合では、ある一定の年数を設定して算出していますが、5年（年率）で16・87、3年

（年率）で15・30、1年では14・02となっています。

このような標準偏差の値を比べることで、どちらの投資信託の方がリスクが高いかを、容易に比較できるようになります。

ちなみに一般用語で「リスク」と言うと、火災、犯罪などのマイナス方向の出来事だけを指すことが多いですが、投資の分野での「リスク」は、プラス方向・マイナス方向のどちらかに関わらず、当初の想定から外れることを指しています。想定より良くなるにしろ、悪くなるにしろ、想定通りにいかない可能性のことを「リスク」と呼んでいるのです。

そして期待収益率はリスクの大きさで決まると考えられます。リスクが高い投資は高い期待収益率、リスクの低い投資は低い期待収益率となるのです。つまり、リスクが増えるほど、期待収益率も高くなります。

ポートフォリオ全体のリスクとリターンも計算できる

また、「標準偏差」を使えば、個別の投資信託のリスクだけでなく、それらを組み入れたポートフォリオ全体のリスクとリターンも計算できます。

ここでは、プロが使っている計算方法を少しアレンジして簡単にしたものをご紹介しましょう。もし難しいと感じるのであれば、飛ばして次の章を読んでいただいても大丈夫です。

例えば、次ページの図のようなポートフォリオを考えたとします。

このような標準偏差は、投資信託の銘柄名＋標準偏差でインターネット検索すると調べられます。その数値を入れてください。

また、期待リターンは、JPモルガンが発表した、2024年の長期見通しの期待リターンを使ってみましょう。

このポートフォリオ全体のリターンとリスクを計算するには、本来は資産間の値動きの相関を加味する必要があります。しかし、それでは計算が複雑になってしまいますので、178ページの図のように簡単にポートフォリオの比率に合わせて各資産のリターンとリスクのそれぞれの加重平均を計算すればいいでしょう。

ちなみに、投資の世界では標準偏差×2倍を見ておけば、最悪の事態を想定できると言われていますので、このポートフォリオの場合なら、リスクの12・544％×2＝25・088％が年間最大損失率の目安になります。

■ポートフォリオの例

	割合	標準偏差	期待リターン
国内債券の投資信託A	15%	2.25	1.10
国内大型株の投資信託B	30%	14.60	6.70
先進国債券の投資信託C	15%	6.57	2.50
先進国株の投資信託D	30%	16.77	5.00
先進国リートの投資信託E	10%	18.10	6.40

■JPモルガン発表の2024年の長期見通し

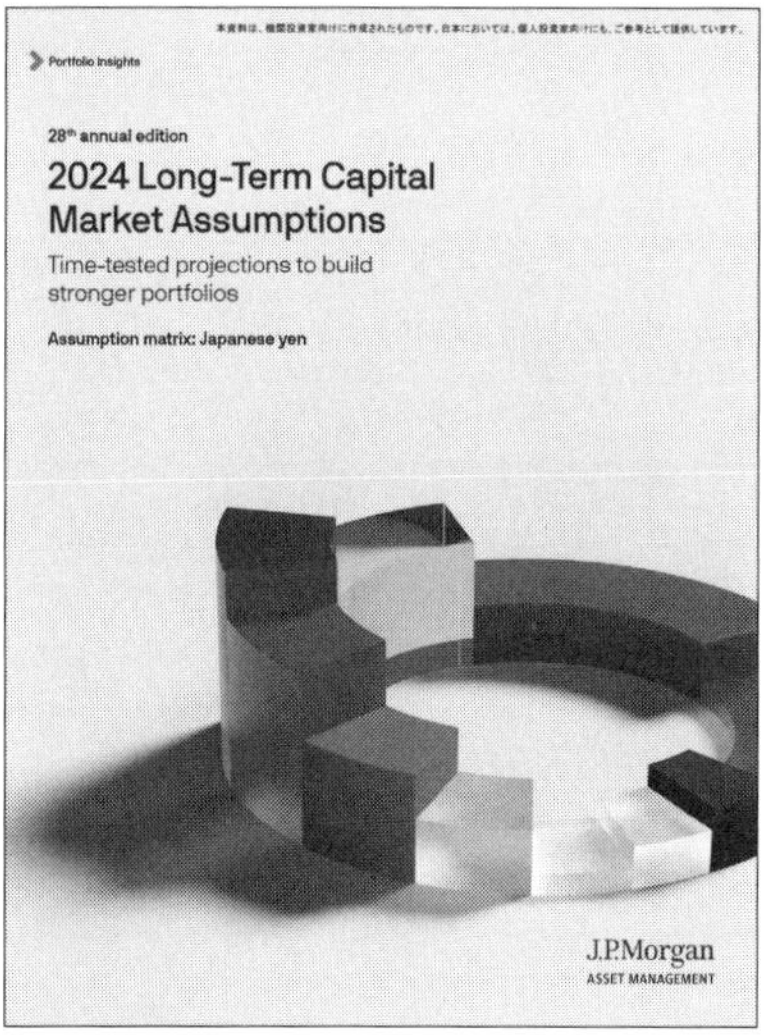

https://am.jpmorgan.com/content/dam/jpm-am-aem/asiapacific/jp/ja/insights/portfolio-insights/ltcma/2024/ltcma-2024-jp-matrix_jpy.pdf

■ポートフォリオのリターンの計算

	割合	期待リターン	計算
国内債券の投資信託A	15%	1.10	1.10 × 0.15 = 0.165
国内大型株の投資信託B	30%	6.70	6.70 × 0.30 = 2.01
先進国債券の投資信託C	15%	2.50	2.5 × 0.15 = 0.375
先進国株の投資信託D	30%	5.00	5.00 × 0.30 = 1.5
先進国リートの投資信託E	10%	6.40	6.4 × 0.1 = 0.64
ポートフォリオの期待リターン			4.69

■ポートフォリオのリスクの計算

	割合	標準偏差	計算
国内債券の投資信託A	15%	2.25	2.25 × 0.15 = 0.3375
国内大型株の投資信託B	30%	14.60	14.6 × 0.30 = 4.38
先進国債券の投資信託C	15%	6.57	6.57 × 0.15 = 0.9855
先進国株の投資信託D	30%	16.77	16.77 × 0.30 = 5.031
先進国リートの投資信託E	10%	18.10	18.10 × 0.1 = 1.81
ポートフォリオのリスク(標準偏差の合計)			12.544

第6章

NISAを徹底活用！ つみたて投資枠と成長投資枠の使い方

投資をスタートするのであれば、非課税のＮＩＳＡを活用したいですね。しかしＮＩＳＡ制度について誤解して覚えている方も少なくありません。そこで、この章ではＮＩＳＡ制度について解説します。しっかり理解して損のないように対策しましょう。

1 投資するならNISAがいいと聞きましたが、どういう制度ですか？

投資の利益が非課税になる制度です

NISAとは、NISA口座（非課税口座）内で購入した金融商品から得られる利益が非課税になる、つまり税金がかからなくなる制度です。投資をするならぜひ利用したい制度ですので、基本的なことをまず押さえましょう。

NISAには「つみたて投資枠」と「成長投資枠」という2つの枠があり、それぞれ1年間に購入できる金額の上限があります。つみたて投資枠は年間120万円まで、成長投資枠は年間240万円までです。

この両方の枠を使って、1人1800万円まで非課税保有限度額（生涯投資枠）の運用が可能です。ただし成長投資枠のみの場合は、1200万円が上限になります。

■NISAの概要

	つみたて投資枠	成長投資枠
併用	2つの枠は併用可	
非課税投資枠	年120万円	年240万円
非課税運用期間	無期限化	
非課税保有限度枠（生涯投資枠）	合計1800万円	（うち1200万円）
口座開設期間	恒久化	
買える商品	長期の積立・分散投資に適した一定の投資信託（旧つみたてNISA対象商品と同じ）	上場株式・投資信託等（①整理・監理銘柄、②信託期間20年未満、高レバレッジ型及び毎月分配型の投資信託等を除外）
対象年齢	18歳以上	
旧NISA制度との関係	2023年末までの一般NISA及びつみたてNISA制度において投資した商品は、新NISA制度の外枠。旧制度における非課税措置を適用（旧NISA口座から新しいNISAへのロールオーバーは不可）	

NISAを始めるならネット証券がオススメ

ＮＩＳＡで投資をするには、金融機関で口座を開設する必要があります。銀行でもＮＩＳＡ口座の取り扱いがありますが、私は証券会社に口座を開くことをオススメします。銀行では株式が購入できないなどのデメリットがあるからです。そして、証券会社選びにおいて特にオススメしたいのがネット証券です。ネット証券には、次のような魅力があります。

- なんと言っても手数料が安い
- スマホやパソコンを使えばいつどこでも注文取引できる
- 取扱銘柄が多く投資における選択肢がある
- 投資によりポイントを受け取れる会社もある

以上のように、ネット証券は注文取引をより手軽に・安く・幅広く行うことができるのが魅力です。ネット証券大手のＳＢＩ証券や楽天証券を選ぶといいでしょう。

2 老後にNISAからお金を取り崩しながら生活したいのですが、どうすればいいですか？

運用しながら取り崩すことで、資産寿命が延びる

２０２４年からＮＩＳＡで非課税で運用できる期間が無期限になりました。つまり一生涯、非課税期間が続くのです。

そのため、運用しながら一部を取り崩すことも可能です。リタイア後も資産運用を続けながら、必要に応じて分割して取り崩していくことで、資産寿命を延ばすこともできるのです。

例えば65歳時点で１８００万円の資産があったとして、それを運用せずに毎月10万円ずつ取り崩していくと、79歳11カ月で資産寿命が尽きてしまいます。一方、同じように毎月10万円を取り崩すとしても、年率５％で運用できれば、92歳９カ月まで資産寿命が延びます（ただし年利５％というのは平均であって、必ず毎年５％のリターン

があるということではありません)。

取り崩しの方法は2パターンある

なお、取り崩しの方法は2パターンあります。「定額売却」と「定率売却」です。

・定額売却

常に一定の金額を売却する方法です。受け取る金額が一定なので、資金計画を立てやすいというメリットがあります。

一方で、相場が悪化して資産が減ってしまっている時でも定額で売却をするため、資産の減少スピードが早くなります。

・定率売却

上下する資産の金額に合わせて定率で売却する方法です。例えば1800万円の資産が2000万円になった時に5%取り崩した場合は、年間100万円受け取れます。逆に、景気後退期に入り資産が1700万円に減っていた場合には、同じく5%

取り崩すと受け取れるのは年間85万円になります。
相場次第で金額が上下するので、資金計画は立てにくいですが、この方法の方が資産の減少が少なくなります。

どちらが良いというものではないので、それぞれのメリットとデメリットを理解した上で、ご自身の事情に合わせて選ぶと良いでしょう。

定期売却サービスもいいけれど、年1回の取り崩しもオススメ

「高齢になって証券口座の操作ができなくなったら、どうやってお金を引き出したらいいんですか？」と質問されることがありますが、証券会社の中には毎月の定期売却サービスを提供している会社もあります。

例えば楽天証券の定期売却サービスは、「定額売却」と「定率売却」を選ぶこともできます。ＳＢＩ証券も２０２５年度中に投資信託の定期売却サービスに「定率売却」が追加されて、ＮＩＳＡ口座にも対応する予定です。

そのような定期売却サービスを利用すれば、心配はありませんね。

ただし、必ずしも毎月取り崩す必要はありません。売却する時は、市場の状況を見ながら相場が上昇しているタイミングで利益を確定して現金化する方が、利益を大きくできるからです。

ですので私は、1年に1回の取り崩しの方が管理しやすいと考えます。例えば株価が上がることが多い年末に、それぞれの資産の配分を計算して、利益が出ている投資信託を中心に売却して、それを1年間で使っていくという方法です。そして、その取り崩しのタイミングで毎年リバランスというメンテナンスをすることをオススメします（リバランスについては第7章で解説します）。

3 新しくなったNISA制度をよく理解できていません

NISA制度は2024年にリニューアルされた

現行のNISA制度は、2024年にスタートしました。では、それ以前はどうだったのかと言うと、「つみたてNISA」と「一般NISA」という制度がありました。その2つが2024年に一本化され、今のNISA制度になったのです。

そのため、今のNISA制度を「新NISA」、つみたてNISAと一般NISAを「旧NISA」と呼んだりもします。新NISAにつみたて投資枠と成長投資枠があるのは、旧NISAのつみたてNISAが新NISAのつみたて投資枠、旧NISAの一般NISAが新NISAの成長投資枠となったからです（なお、旧NISAではつみたてNISAと一般NISAはどちらか一方のみの選択制でしたが、一本化に伴い、新NISAではつみたて投資枠と成長投資枠が併用可能になっています）。

新ＮＩＳＡのスタートと同時に旧ＮＩＳＡでの新規投資はできなくなりましたので、これから投資を始めるという方は当然、新ＮＩＳＡを利用することになります。そのため、旧ＮＩＳＡのことを気にする必要はありません。

しかし、これを読んでいる方の中には、既に旧ＮＩＳＡで投資をしていた方もいらっしゃるでしょう。そうした方の中には、制度がどのように変わったのかよく理解せずに使っている方も見受けられます。そこで、ここでは特に誤解しやすい5つのポイントをそれぞれ解説しましょう（新ＮＩＳＡしか使わない方は読み飛ばしても結構です）。

投資枠が違うと別管理になる

旧ＮＩＳＡを使っていた方は、２００４年にＮＩＳＡ制度がリニューアルされた際に、自動的に新ＮＩＳＡの口座が開設されています。そのため意識されていない方も多いのですが、実は「つみたてＮＩＳＡ」「一般ＮＩＳＡ」「新ＮＩＳＡのつみたて投資枠」「新ＮＩＳＡの成長投資枠」は、すべて別管理になります。

どういうことか、例えば一般ＮＩＳＡで投資信託を積立で購入していて、今でもその積立を続けている場合で考えてみましょう。この場合、ずっと同じ口座で積立を継続していると誤解しがちなのですが、実は違います。新ＮＩＳＡがスタートした際に旧ＮＩＳＡではそれ以降の追加購入ができなくなっており、自動的に開設された新ＮＩＳＡの成長投資枠に積立設定が引き継がれているのです。つまり、同じ投資信託が「旧ＮＩＳＡ」と「ＮＩＳＡの成長投資枠」の２つの口座に分かれて管理されています。

さらに、その投資信託を途中からつみたて投資枠での積立に変更した場合、同じ投資信託なのに「旧ＮＩＳＡ」「ＮＩＳＡの成長投資枠」「ＮＩＳＡのつみたて投資枠」の３つの口座に分かれて管理されることになります。

これだけでもややこしいですが、さらに旧ＮＩＳＡで運用していた投資信託が、分配金（決算ごとに得られた収益を投資家に分配するお金）を再投資する設定になっていた場合、その再投資分の投資信託は特定口座での管理となってしまいます。こうなると、同じ投資信託が４つの口座に分かれて管理されていることになってしまうのです。

このようなケースの場合、少々面倒ですが、ポートフォリオの割合を計算する時は特定口座、旧ＮＩＳＡ、成長投資枠、つみたて投資枠のそれぞれの残高を合計して計算する必要がありますので、注意してください。

株や投資信託を売却すると非課税投資枠が復活するようになった

旧ＮＩＳＡではいったん株や投資信託を購入すると、その購入した株や投資信託を売却したとしても、非課税投資枠を再利用することができないルールでした。そのため「自分はもう非課税投資枠を使い切ってしまっている」と思いこんでいる方もいらっしゃいます。

しかし新ＮＩＳＡでは、購入した株や投資信託を売却した場合、その分の非課税投資枠を再利用できるようになりました。

ただし売却額ではなく、購入時の金額（簿価と言います）が適用されます。例えば、10万円で購入した投資信託が12万円になったので売却した場合、10万円分の非課税投資枠を再利用できます。逆に、10万円で購入した投資信託が８万円になってしまい損切りした場合も、購入時と同じく10万円の非課税投資枠が復活します。

また、非課税投資枠の再利用は、すぐに復活するわけではありません。空いた非課税投資枠が復活するのは翌年以降になります。例えば、毎年100万円を4年間つみたて投資枠で積立して、5年目に全額解約して引き出した場合、400万円の枠が復活するのは翌年（6年目）となります。ただし、400万円の枠が復活しても、6年目に400万円を投資できるわけではありません。投資できるのは新NISAの年間の上限である、つみたて投資枠120万円、成長投資枠240万円の範囲内になりま

■非課税投資枠の再利用

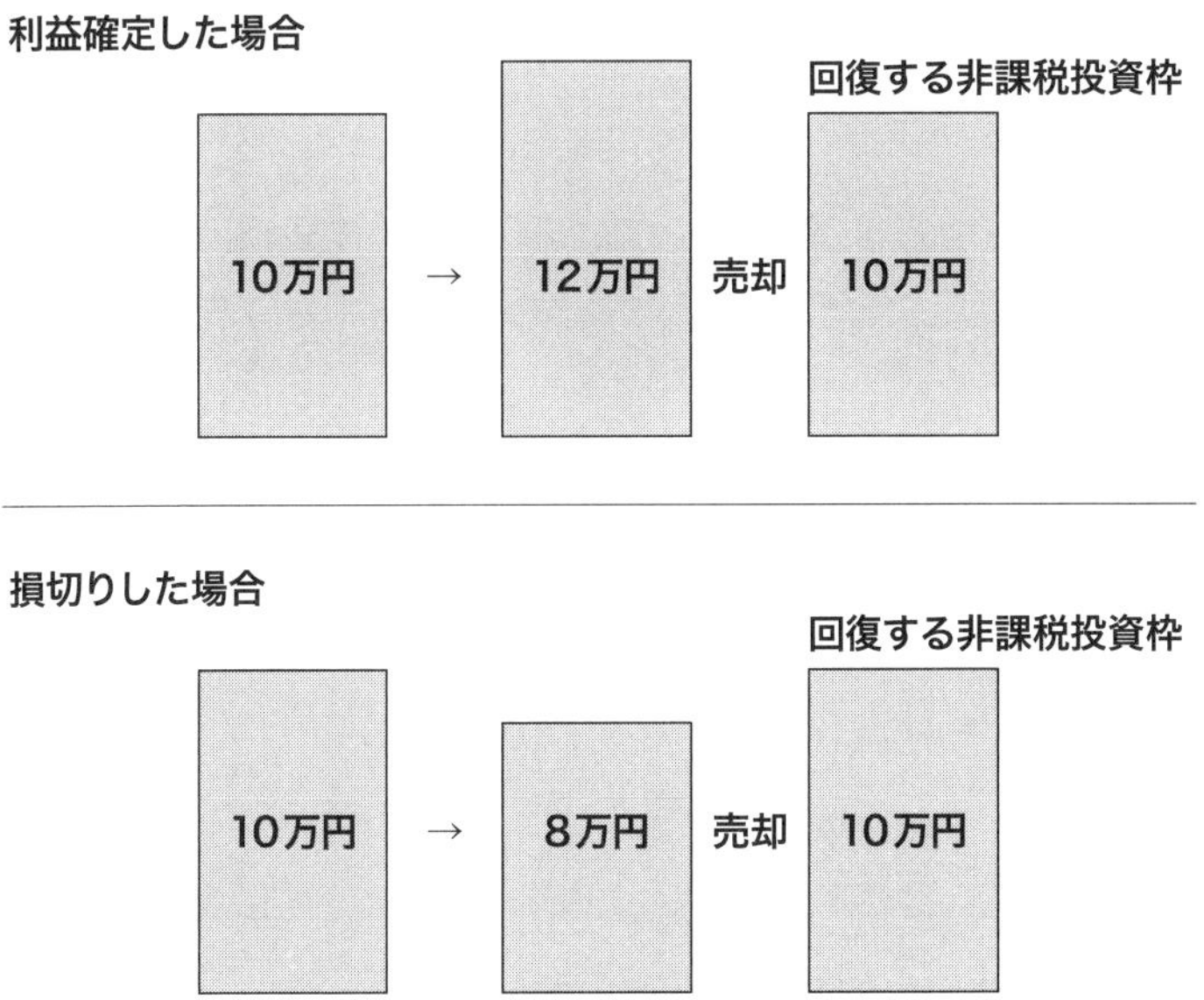

す。

　このようにちょっと複雑な仕組みなのですが、それでも非課税枠が復活するのは大きなメリットです。また、旧ＮＩＳＡでの購入額は新ＮＩＳＡの外枠で管理されます。旧ＮＩＳＡの非課税投資枠を使い切っていたとしても、別制度の新ＮＩＳＡの非課税投資枠は残っています。自分にどのくらいの非課税枠が残っているのか、今一度確認してみるといいでしょう。

■非課税投資枠が復活するタイミング

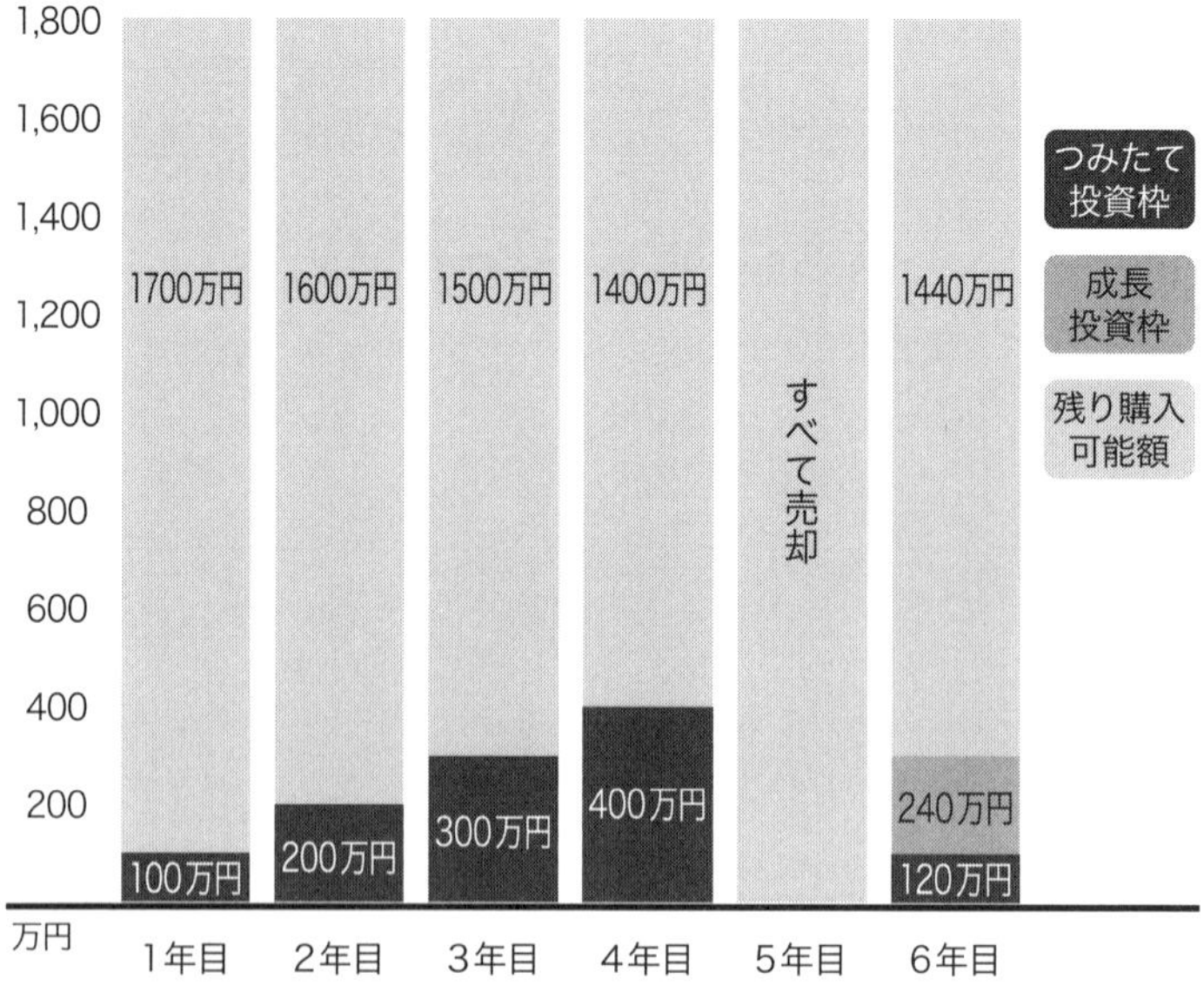

ロールオーバーがなくなった

旧ＮＩＳＡでは購入してから5年間の非課税期間が終了すると、翌年のＮＩＳＡにロールオーバーすることができました。しかし新ＮＩＳＡでは、ロールオーバーという仕組み自体がなくなりました。非課税期間が無期限となったため、ロールオーバーの必要がなくなったからです。

では、旧ＮＩＳＡで購入して今も保有している株や投資信託はどうなるのかと言うと、非課税期間が終了するとロールオーバーできずに特定口座に払い出しとなります。そのため、旧ＮＩＳＡで運用中の株や投資信託は、非課税期間中に売却するか、課税口座である特定口座に払い出し後、そのまま特定口座で運用するかのどちらかになります。

どちらがいいのか、よく質問を受けますが、個人個人によって違ってきます。

例えば余裕資金も少なく、64歳で再雇用もあと1年という方で、今後の労働収入が見込めないのであれば、旧ＮＩＳＡで5年間非課税で運用した後に売却して、新しいＮＩＳＡで購入し直してもいいでしょう。

一方、余裕資金が潤沢で、20代から40代の方で労働収入も続くのであれば、特定口座で運用を続けてもいいでしょう。なぜなら余裕資金もあり、今後の労働収入も期待できる場合は、新しいＮＩＳＡの生涯投資枠である１８００万円を超えて投資できる資金があるということだからです。旧ＮＩＳＡで購入した株や投資信託は、特定口座に払い出しとなっても、非課税期間に増えた利益は非課税です。生涯投資枠を使い切ってしまったら、特定口座で購入するしかありません。それぞれの家計の状況によって正解は異なるのです。

新ＮＩＳＡでは購入できない金融商品もある

旧ＮＩＳＡと新ＮＩＳＡでは、購入できる金融商品の条件が変わりました。特に、つみたてＮＩＳＡと新ＮＩＳＡのつみたて投資枠ではそんなに大きな変化はないのですが、一般ＮＩＳＡと新ＮＩＳＡの成長投資枠では、より厳しい条件に変更されています。そのため一般ＮＩＳＡで買っていた金融商品が、新ＮＩＳＡでは買えなくなっている可能性があります。

具体的には、新ＮＩＳＡの成長投資枠では、次の株式や投資信託が購入できません。

①株式の整理・監理銘柄

不正会計などの不祥事や極端な業績悪化によって上場廃止基準に該当するような倒産寸前の企業の株式は、証券取引所が「そろそろ上場廃止で取引できなくなる可能性が高い銘柄」ということで「整理・監理銘柄」に分類します。このような銘柄は、そもそも長期投資の対象としてふさわしくないので、新ＮＩＳＡでは買えません。

②信託期間20年未満の投資信託等

信託期間というのは、「投資信託をいつまで運用するのか」という期間です。この期間が20年未満の投資信託は、長期投資の対象としてふさわしくないので、新ＮＩＳＡでは買えません。

③高レバレッジ型の投資信託等

「高レバレッジ型」というのは、対象とする指数（日経平均株価やＴＯＰＩＸなど）の値動きに対して、数倍の値動きをする投資信託です。ブル・ベア型とも呼ばれて、ブルは株価が上がるのを予想し、ベアは下がるのを予測するタイプです。予想が当たれば数倍値上がりしますが、予想が外れれば数倍値下がりします。また基本的に短期で売買する仕組みのものなので、長期投資には向きません。その特徴から、新NISAでは除外されました。

④毎月分配型の投資信託等

「毎月分配型」というのは、毎月分配金を受け取れるタイプの投資信託です。分配金がすべて運用益だったらいいのですが、元本を取り崩して分配金にあてている投資信託もあります。その場合、分配金を受け取り長期間保有していると基準価額が下がっていってしまいますので、新NISAからは外されることになりました。

金融機関を変更しても保有している投資信託は移動できない

これは制度の変更ではありませんが、NISAは1人1口座しか開設できません。1年ごとに金融機関を変更することはできますが、そのためには変更の届け出をする必要があります。例えば旧NISAで投資をしていた方で、新NISAは別の金融機関を使いたい、という方は変更の届け出が必要ですので、注意してください。

また変更できるのは、新年から変更前の金融機関で何も購入していないことが条件です。何も購入していなかったら届け出の時期によって、新しい金融機関でＮＩＳＡ口座が開設できるタイミングが変わりますので、早めの届け出をオススメします（詳しくはそれぞれの金融機関にお問い合わせください）。

なお、金融機関を変更しても、保有している投資信託などの金融商品は移動しません。以前の金融機関で購入した商品は、以前の金融機関の口座で保有し続けることになります（ちなみに、仮に金融機関を変更しなかったとしても、旧ＮＩＳＡで購入した商品を新ＮＩＳＡに移管することはできません）。

また、前述した売却後の非課税枠は、変更した金融機関の新しい口座で復活することになります。

4 NISAのつみたて投資枠の上手な使い方を教えてください

投資初心者にまず使ってほしい「つみたて投資枠」

投資初心者の方にまず使ってほしいのが、NISAの「つみたて投資枠」です。名称の通り、購入方法は積立のみになります。

また、つみたて投資枠で購入できる投資信託は、金融庁が告示した要件を満たす銘柄のみとなっています。具体的には、次の要件です。

- 信託契約期間が無期限または20年以上。
- ヘッジ（リスク低減）以外の目的でデリバティブ取引による運用を行わない。
- 毎月分配型でない。
- 販売手数料は0％（ETFの場合は売買手数料1・25％以下）。信託報酬は低水準。

・インデックス運用の投資信託については、金融庁がインデックス（例えば日経平均株価、S&P500）を指定。
・アクティブ運用の投資信託については「純資産額50億円以上」かつ「運用実績５年以上」かつ「信託期間中の３分の２以上で資金流入超の実績が認められる」もの

つまり積立によって時間の分散ができる上、長期・積立・分散投資に適した投資信託が選ばれているので、初心者にはとても安心なのです。

また前述した通り、つみたて投資枠を使わないと非課税保有限度枠は１２００万円と、６００万円も減額となってしまいます。非常にもったいないですので、ぜひ活用していただきたいと思います。

積立をスタートしたら途中で銘柄を変更しないのが基本

つみたて投資枠を利用するにあたって注意しておきたいのが、積立投資をスタートしたら、基本的にはそのまま同じ投資信託を何年も積立していくということです。投資信託の銘柄の変更は、基本的にはしない方がいいです。

例えば、積立をスタートした後に、似たようなタイプでより信託報酬の低い投資信託が発売されることもあります。後出しじゃんけんのように、新しい投資信託ほど信託報酬が安くなっているケースが多いです。

しかし、0・2％以上差がなければ、それほど気にすることはありませんし、変更する手間を考えるとそのままの方がいいでしょう。

また、保有中にかかるコストは信託報酬だけではないことも覚えておきましょう。例えば売買委託手数料や有価証券取引税、監査費用などもかかるため、信託報酬だけではなく実費も含め投資家が負担する総経費率も意識することが大切です。

こうした総経費率は運用報告書に記載されている他、2024年4月からは交付目論見書の「手続・手数料等」の項目にも記載されることになりましたので、簡単に確認できます。

債券や不動産へは投資できないので、成長投資枠も活用しよう

投資初心者にはとてもオススメのつみたて投資枠ですが、弱点もあります。それは、9マスのマス目で言う株式の投資信託しか購入できないことです。債券や不動産を含

んだ「バランス型」というカテゴリーはあるのですが、債券のみ、または不動産（リート）のみで運用されている投資信託は、つみたて投資枠対象商品の中にはありません。

つまり、つみたて投資枠だけでは９マス分散ができないのです。具体的には①国内債券、②国内不動産、④先進国債券、⑤先進国不動産、⑦新興国債券、⑧新興国不動産のマス目に入る投資信託は、つみたて投資枠では買えません。

ですので、そうしたマス目の投資信託は、成長投資枠で購入しましょう（成長投資枠でも、積立での買付はできますので安心してくださいね）。

■つみたて投資枠では買えないマス目

	債券	不動産	株式
国内	①	②	③
海外先進国	④	⑤	⑥
海外新興国	⑦	⑧	⑨

5 ＮＩＳＡの成長投資枠はどのように活用したらいいのですか？

つみたて投資枠で購入できない投資信託とＥＴＦの二刀流がオススメ

成長投資枠のオススメの使い方は、大きく２つあります。

１つは、つみたて投資枠では購入できない「債券や不動産の投資信託」を購入すること。前節でご説明したように、つみたて投資枠で買えるのは「株式の投資信託」だけです。そのため、９マス分散式で債券や不動産の投資信託を購入したい場合は、成長投資枠で積立購入していきましょう。

ただし、債券や不動産の投資信託だけでは、ＮＩＳＡの非課税枠をすべて使い切ることはないと思います。そこで、余った非課税枠を利用して、よりお金を増やすスピードをアップしたい場合にオススメなのが、ＥＴＦ（上場投資信託）への投資です。これが、成長投資枠のもう１つのオススメの使い方になります。

ＥＴＦとはExchange（取引所で）Traded（取引される）Fund（投資信託）の略で、つまり「取引所に上場され、取引される投資信託」のことです。

投資信託の一種ですから、普通の投資信託と同様に、複数の企業の株式に分散して運用されています。個別企業の決算書を分析したり、指標などを覚えることをしなくても、リスクを分散して購入できるのは、とても魅力的ですね。

そして、運用中には投資信託と同様に「信託報酬」というコストが発生しますが、この信託報酬が普通の投資信託と比較すると低コストです。そのため、長期保有に向いているのもＥＴＦの魅力です。

ＥＴＦは投資信託と株の特徴を併せ持つ商品

では、ＥＴＦは普通の投資信託と何が違うのでしょうか？

それは個別の株式と同じように、証券取引所に上場されて取引されているということです。そのため市場が開いている間、株式と同様に、買いたい人と売りたい人の需給バランスによって価格がリアルタイムで変動します（株式と同様に、自分で希望の取引価格を指定して発注する、指値注文も可能です）。

これに対して普通の投資信託は、株式などの時価を元に1日に1回だけ価格(「基準価額」と言います)が算出されます。これは積立で購入する分には、積立の設定日に価格が変動しないので都合が良いのですが、市場が急変動している場面では、基準価額とリアルタイムの株価との間の乖離が大きくなるというデメリットに繋がります。

つまり、株価が急落している場合、普通の投資信託はリアルタイムの株価より割高な価格になってしまう、ということです。ETFは、投資信託のそういうデメリットを克服しているのが最大の特徴です。

■ETFと株式と投資信託の手数料比較

	購入時	保有時	売却時
ETF	ネット証券ならば0～300円程度	保有資産の年率0.03～0.2%程度	ネット証券ならば0～300円程度
株式	ネット証券ならば0～300円程度	無料	ネット証券ならば0～300円程度
投資信託	0円～購入金額の3%程度	保有資産の年率0.1～1.5%程度	基本的には0円だが、商品によっては売却金額の0.1～0.2%程度かかることもある

いわばＥＴＦは、投資信託と株の特徴を併せ持つ「美味しいとこ取り」の金融商品なのです。金融業界では「20世紀最大の発明」とも称されており、株価指数などに連動するＥＴＦが米国で誕生して以来、資産総額は年々増加しています。

買いたい時に必ず買えるとは限らない点には注意

一方で、ＥＴＦには普通の投資信託にはない注意点もあります。

個別の株式と同じく市場で取引されるので、オークションのように、買いたい人と売りたい人がいないと売買が成立しないのです。普通の投資信託のように、買いたい時に必ず買えることが約束されているわけではありません。

そのため取引量の少ないＥＴＦ銘柄は、売りたい時に売れない、買いたい時に買えないという現象が起こります。ＥＴＦ投資初心者の方は、取引量が十分にある銘柄を選ぶようにしましょう。

また、ＥＴＦは、株と同じく売買時に手数料がかかります（ただしネット証券の中には売買は無料になっている会社もあります）。

そうした注意点はあるものの、先ほどご説明したように、ＥＴＦには普通の投資信託にはないメリットもあります。ですので「積立で購入している投資信託の補完をＥＴＦでする」と考えると良いでしょう。株価が大暴落した時など、わかりやすく値が下がった時のみＥＴＦを活用したらいいのです。「毎月の定期的な投資信託の購入」と「下落時を狙うＥＴＦ」の2本立てで購入したら、お金が増えるスピードが早くなります。

人気の米国株式投資の練習にもＥＴＦはピッタリ

また、最近は米国株式への直接投資がブームになっており、興味を持っている人も多いでしょう。米国には日本にはないようなタイプの成長企業がたくさんあり魅力的です。国内にいながらでも手軽に外国株を購入できる環境が整ってきたこともあり、大手ネット証券での米国株の取引口座数はうなぎ登りに増えています。

しかし投資初心者にとって、いきなり米国の個別銘柄を目利きして投資するのはハードルが高いものです。国内企業の分析ですら難しいのに、海外企業となればなおさらです。それに、いくつかの銘柄に分散投資しようとすれば、それなりの元手も必要になります。

そうした場合にも、ＥＴＦの出番です。ＥＴＦには、東証など日本の証券取引所に上場している「国内ＥＴＦ」の他に、海外の証券取引所に上場している「海外ＥＴＦ」も豊富にあります。特に米国の証券取引所に上場している「米国ＥＴＦ」は、世界全体のＥＴＦの残高の70％を占めていて、非常に発達しています。

米国ＥＴＦであれば専門的な知識がなくても1銘柄購入するだけで、米国株での分散投資が可能です。また、米国ＥＴＦは投資信託のように積立で購入できる証券会社もあります。

ですので、個別の米国株式投資にチャレンジする前にＥＴＦを経験するのも良いと思います。

ちなみに、米国ＥＴＦは投資対象も様々です。米国に限らず全世界の企業に投資するものから、特定の地域や国、金・石油などの商品に投資するものまで、多種多様なＥＴＦが豊富にあります。

6 お金が必要な時には投資信託を売却しても大丈夫ですか？

小さな出費は生活防衛費から出そう

長い人生の中では、どうしてもお金が必要になる時があります。ＮＩＳＡでコツコツ積立運用してきた資産を売却して現金化したいこともあるでしょう。

そんな時、どうすればいいのでしょうか？

もちろん制度上は、ＮＩＳＡで保有する資産はいつでも売却できます。売却した資産分の非課税投資枠は翌年には復活しますので、非課税投資枠がムダになることもありません。普段はコツコツ積立投資しつつ、資金が必要な時には取り崩し柔軟に資産を活用したいという方にとっても、ＮＩＳＡはとても使いやすい制度です。

ただし、だからといって資金をひんぱんに取り崩しているようでは、いつまでたっても資産が増えていきませんよね。

ですので、予定外の出費であっても家電の故障による買い換え費用や冠婚葬祭費などは、ＮＩＳＡには手を付けず、生活防衛費の貯金から取り崩してください（もちろん、使った分は後で補填しましょう）。

NISAを取り崩す必要が出てくる「人生の3大費用」

とはいえ、生活防衛費だけでは絶対に足りない出費もあります。それが人生の３大費用です。

人生の３大費用とは、老後の生活費、教育費、住宅費のこと。あなたは、これらの費用がどのくらいか把握しているでしょうか？

金融広報中央委員会が実施した「金融リテラシー調査２０２２年調査結果」を見ると、人生３大費用の必要額を認識している人は、約半数程度です。資金計画を策定している人はさらに少なくなり、資金を確保している人となるとかなり少数となっています。

「なんだ！　みんな知らないのね。自分だけと思っていたので、安心した」と思ったあなたには危険信号がともっています。「赤信号みんなで渡れば怖くない」状態です。

私もはじめて子どもの教育費を試算した時には愕然としました。預貯金で準備するには、とても無理だと思える金額でした。

そのような高額な費用を用意するには、NISAを取り崩すしかないでしょう。むしろ、金額を把握していれば、家計に投資を取り入れないと間に合わないことが理解できるはずです。必要額を把握して、時間をかけてゆっくり増やすことで豊かな生活が手に入るのです。

途中売却しても積立を続ければ資産は形成できる

ここで「途中で取り崩してしまうと、十分な資産が形成できないのでは?」と心配になる方もいらっしゃるかもしれませんね。そこで、具体的に

■人生3大費用への認識

(%)

	老後の生活費	教育費	住宅費
必要額を認識している人の割合	51.2	59.6	57.6
資金計画を策定している人の割合	38.4	52.1	36.9
資金を確保している人の割合	29.1	37.5	19.7

※金融広報中央委員会「金融リテラシー調査2022年調査結果」より作成

次のような条件で試算してみましょう。

- つみたて投資枠で毎月7万円、成長投資枠で毎月3万円の、合計10万円を積立投資する。
- つみたて投資枠では株の投資信託を平均リターン6％で運用する。
- 成長投資枠では債券の投資信託を平均リターン3％で運用する。
- 積立開始から10年経過時点でつみたて投資枠から400万円を取り崩す（成長投資枠は取り崩さない）。
- 400万円を取り崩した後、さらに5年間積立投資を継続する。

つみたて投資枠で株の投資信託を毎月7万円、平均リターン6％で増やしたとすると、10年後につみたて投資枠の資産は約1147万円になっています。ここから400万円取り崩し、残りの747万円分の資産はそのまま平均リターン6％の運用を継続します。さらに毎月7万円の積立を5年間続けたとすると、つみたて投資枠での最終的な資産は約1488万円となります。

一方、成長投資枠では途中で取り崩しはしませんので、15年間、毎月3万円、平均リターン3％の積立投資で増やしたとすると、こちらは約681万円の資産となります。

つまり、つみたて投資枠1488万円＋成長投資枠681万円＝2169万円もの資産が手に入るのです。途中で取り崩した400万円を加えると、合計2569万円です。

払い込んだ元本は15年で840万円＋420万円＋540万円＝1800万円ですから、2569万円÷1800万円で、約1・4倍に増える試算になります。

このように、途中売却しても積立を継続

■途中で取り崩しつつ積立投資を続けた場合の試算

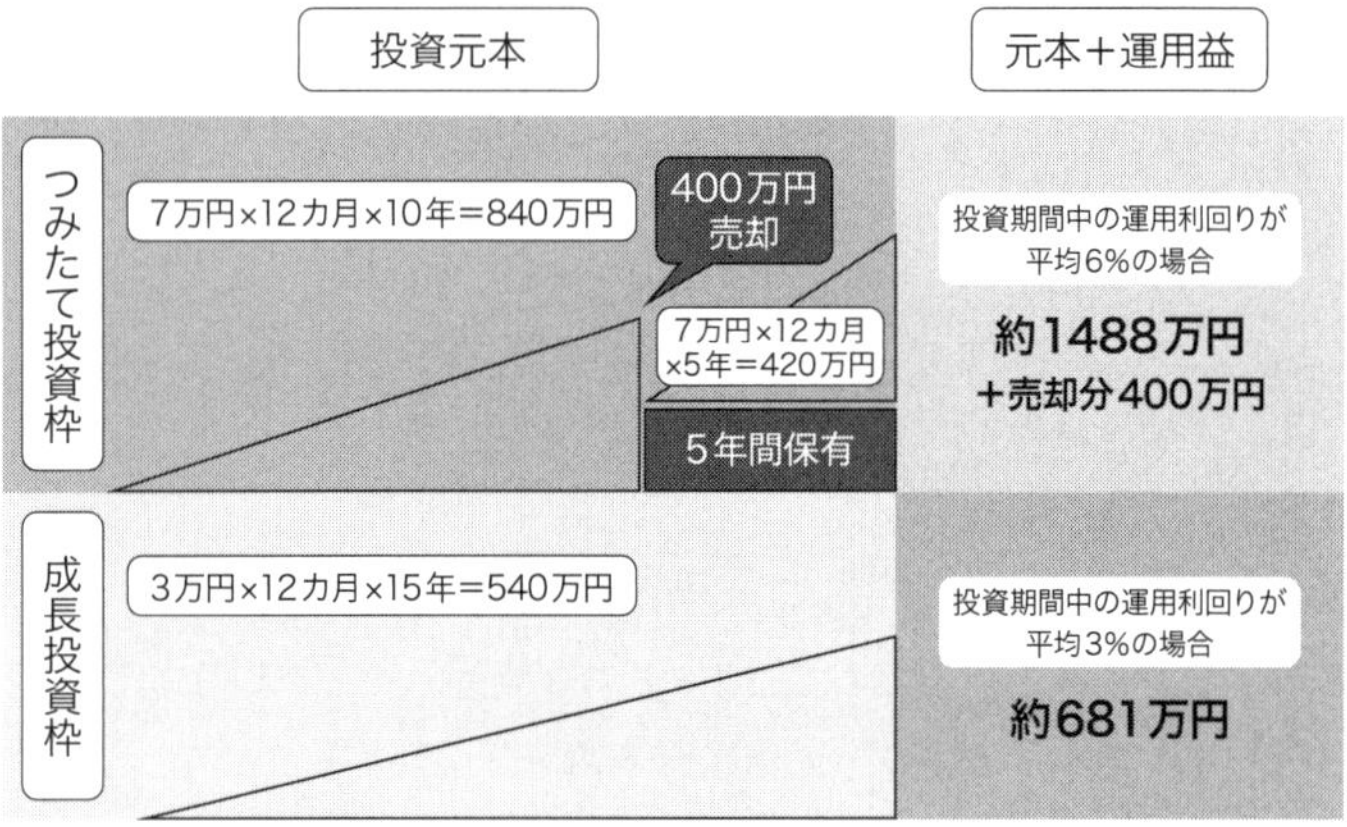

していれば、十分な資産形成ができるのです。

可能な限り売却しない方が資産は増えやすい

では、途中で取り崩さなければどうなるでしょうか？

先ほどと同様の条件で、途中売却しないケースも試算しておきましょう。つまり、次の条件で考えます。

- つみたて投資枠で毎月７万円、成長投資枠で毎月３万円の、合計10万円を積立投資する。
- つみたて投資枠では株の投資信託を平均リターン６％で運用する。
- 成長投資枠では債券の投資信託を平均リターン３％で運用する。
- つみたて投資枠も成長投資枠も途中で取り崩さず、15年間の積立投資をする。

つみたて投資枠で毎月７万円、平均の利回り６％で15年間運用すれば２０３６万円になります。成長投資枠で毎月３万円、平均利回り３％で15年間運用すると、

651万円です。合計で2717万円の資産ができることになります。

元本は1800万円ですから、約1・5倍に増える計算です。当然ですが、やはり途中売却しない方が大きく増えますね。

ですので、ひんぱんに売却しないで、買って保有を続けるバイ&ホールドが基本ではあります。人生の3大費用は仕方ないにしても、それ以外の出費は冒頭で申し上げたように生活防衛費から出すようにしましょう。

■途中で取り崩さず積立投資を続けた場合の試算

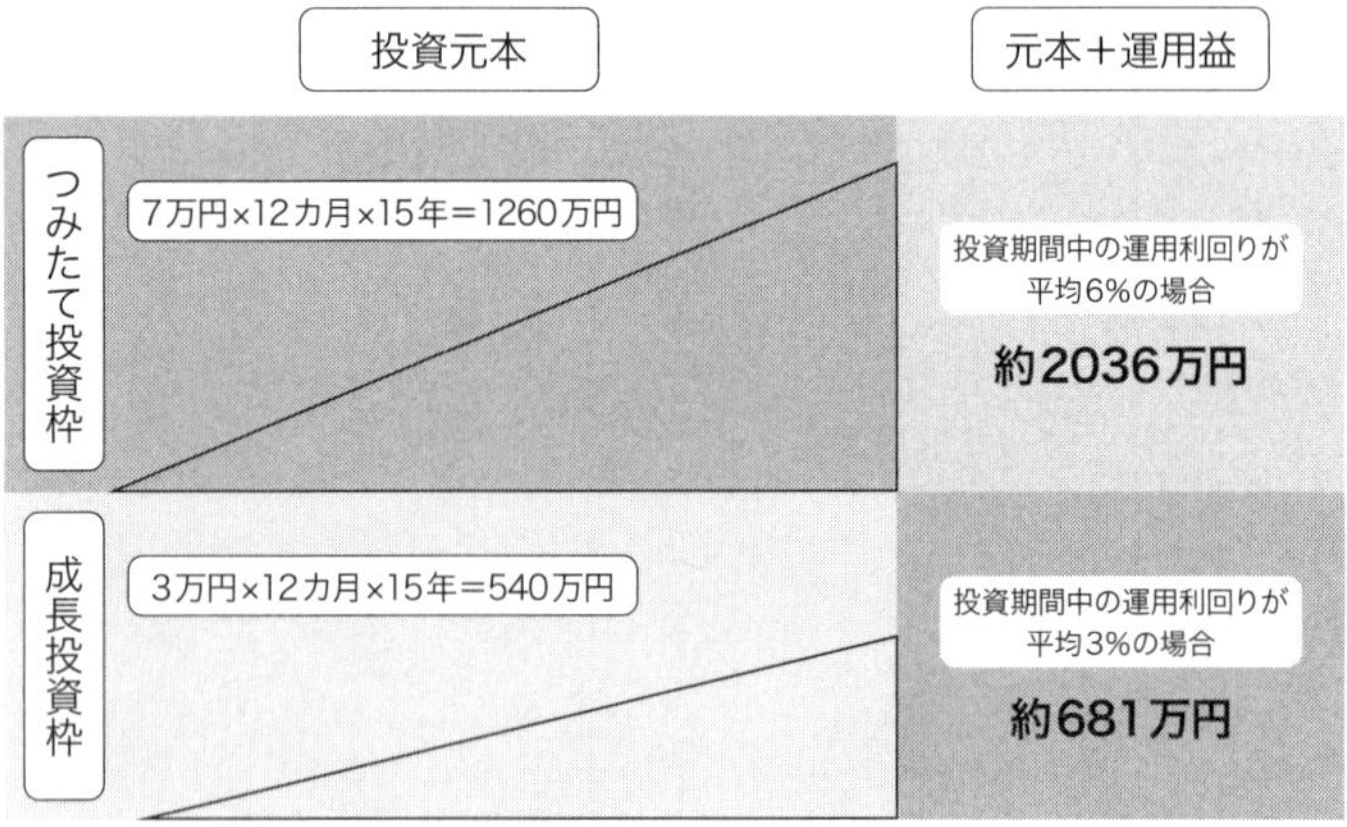

7 NISA以外にも9マスを使って増やす方法はありますか？（上級編）

現物への投資にも9マス分散は使える

９マス分散式メソッドは基本的には投資信託の分散の考え方ですが、現物の資産も9マスで考えることもできます。現物であっても、世界中の資産は９マスで分けられるのです。

現物とは現物取引のことで、個別の株式や債券、不動産株式を売買することです。投資信託の株式や債券、不動産と分けて考えるため現物と表記しています。

現物への投資は投資信託よりも元手が必要になりますが、NISAを活用して投資をスタートし20年くらい経過すると、十分にお金が増えてきます。すると、投資信託だけでなく現物への投資も視野に入ってきます。

また、資産運用の目的は年齢と共に変わっていくことがあります。一般的に資産が少ない若いうちは、キャピタルゲイン（売却益）を狙って、株式や株式を組み入れた投資信託等を使って資産を形成していく、ＮＩＳＡやイデコを使った方法が中心になります。しかし年齢を重ねていくと、元本の拡大だけではなく、定期的なインカムゲインが得られる投資先にも目を向けた方がいいでしょう。

インカムゲインとは、資産を保有していることで定期的に得られる収入のことで、債券の利子や不動産投資の家賃収入などが代表的です。定期的に安定した収入が得られれば、家計の収支も安定します。年齢が高くなると、遠い将来に向けて大きなリターンを狙うよりも、リターンは少なくても安定した収入が得られる方がライフプランに合致してくるのです。この場合も、現物への投資が視野に入ってきます。

少し先の未来に考えることかもしれませんが、私が体験したことも含めてご紹介していきましょう。

現物の株式は新興国以外で

現物への投資で、みなさんがもっとも興味を持っているのが、個別の株式への投資でしょう。単純に値上がりしそうな銘柄を狙うだけでなく、毎年安定した配当金をもらえる銘柄や、魅力的な株主優待を用意している銘柄など、様々な切り口で楽しめるのが現物株式投資の魅力です。

もちろん投資信託で十分な９マス分散ができていることが前提ですが、余裕があれば国内株式、先進国株式などは現物にチャレンジしてみてもいいでしょう。

ただし新興国株式の現物は、あまりオススメできません。なぜなら、新興国の株式は値動きが激しいからです。

新興国の株式市場における時価総額は、先進国に比べるとまだまだ少ないのが現状です。時価総額＝発行株式数×株価なので、それが少ないということは発行株式が少ないということですから、大量買いが入れば新興国バブルが起きやすく、大量売りが入れば崩壊しやすいのです。

新興国に投資したい場合は、新興国に進出している国内株式や米国株式などを購入することでも間接的に新興国の著しい成長の恩恵を受けることができます。無理に新興国の株式に直接投資する必要はありません。

現物債券の中には購入してはいけない債券もある

次に、現物債券についてです。債券には、投資信託にはないメリットがあります。投資信託の場合は、基準価額も利回りも変動しますよね。価格が変動することで安く買うこともできますが、売却時に必ずしもプラスになるとは限りません。

一方、現物債券なら、満期まで保有すれば元本が全額戻ってきます。投資信託のように、価格の上下動による元本割れを気にする必要がありません。また、購入した時の利率で利回りが固定されるので、安定した利子収入も期待できます。

ただし、債券にはたくさんの種類があり、中には複雑な仕組みの債券もあります。絶対に購入してはいけない債券もありますので、注意しましょう。

その1つが「仕組み債」です。これは、オプション取引などの金融派生商品（デリバティブ）を使い、複雑な仕組みを作ることで高い利回りを設定している債券の一種です。債券の安全なイメージとは裏腹に、ハイリスク商品となっており、数千万円単位で含み損が発生する個人投資家もいます。実際に、証券会社で勧められて購入し半額以上の損になってしまった方のご相談を受けたこともありますので、気を付けてください。

それから「新興国通貨建債券」も買ってはいけません。トルコリラ・南アフリカランド・ブラジルレアル・インドルピーなどたくさんの種類があり、日本に比べて高金利であることが魅力と言われますが、それに比例して為替の値動きも大きくなっています。運用のリスク・リターンの関係で考えたら「高金利=リスクが高い」なのです。メガバンクや大手証券会社などで販売されている債券でも、こうした危険な債券はありますので、十分に注意しましょう。

不動産投資も魅力的だが騙される危険性には注意

現物の不動産投資は、不動産の値上がり益が狙えるだけでなく、保有している間に毎月の家賃収入が得られるのも大きな魅力です。長期的に見れば、家賃収入だけで不動産の購入費用をまかなえることもあります(もちろん、その代わりに値下がりリスクや空室リスクもあります)。

日本の人口は減少していくので、不動産投資は儲からないという向きもいます。確かに、人口が減っている地方の不動産は儲からないかもしれません。ところが人口が減るほど、人は都市に集まってくるのです。過疎になると学校や病院もなくなってしまいます。そうなると不便ですから、学校も病院もある都市部に人が集まるのです。そういうことを予測している方もいるためか、国内首都圏の不動産価格は上昇しおり、投資マネーも集まってきています。

また、海外に目を向けてみると、世界の人口ランキングで上位を占めているのは米国以外ほとんどが新興国です。特に新興国では経済が発展すれば、生産年齢人口に当てはまる人たちは所得を原資に不動産を購入するでしょう。ビジネス用のオフィスビル、オフィス街も、経済の発展と共に必ず増えていきます。経済発展と共に必然的に地価の上昇が予測される新興国の不動産は、非常に魅力的な投資先と言えるのです。

もっとも、新興国の不動産投資は危険も伴います。私は円高時に新興国の不動産を見学に行ったことがあり、その際には日本人の仲介人を介して不動産を見て、英語の契約書を日本語に翻訳したものを中心に説明を受けました。ところが、念のためと思って英語の契約書を見ると、住所もまったく違いますし、不動産の内容も違っていたのです。もちろん、その物件の契約はしませんでした。海外では日本人が日本語しかわからない日本人を騙すこともあるので、十分な注意が必要です。

第7章

リターンを最大化するための知識とメンテナンス

いよいよ最終章です。この章では投資をスタートした後のメンテナンスと、より利益率を上げるための知識を伝授します。少し難しく感じた場合、投資の経験を積んだ後に読み直してください。

1 積立投資を始めた後のメンテナンスについて教えてください

年に一度はリバランスをしよう

ここまで「投資をスタートしたら、そのまま同じ投資信託を何年も積立していきましょう」とお伝えしてきました。途中で売却したり、追加購入したり、銘柄を変更したりしない、というのが9マス分散式の原則です。

ただし、例外もあります。それが、年に一度の「リバランス」です。

リバランスとは、各資産の投資信託の比率を当初の計画通りに修正することを指します。

投資信託は、毎日基準価額が変動しますよね。そのため、当初決めた通りの金額で積立を続けていても、時間の経過と共に相場の変化でポートフォリオの各資産の割合が変わってしまいます。その結果、「いつの間にか高いリスクを取っていた」ということ

■資産別リターンのトップ7（2021～2023年）

2021年	2022年	2023年
米国株式28%	国内債券－6%	米国株式28%
先進国リート27%	先進国債券－11%	国内株式20%
国内株式1.7%	国内株式－16%	新興国債券11%
国内債券0%	新興国債券－18%	先進国リート11%
先進国債券－1.4%	米国株式－19%	新興国株式10%
新興国債券－1.8%	新興国株式－20%	先進国債券7%
新興国株式－2.5%	先進国リート－24%	国内債券0%

※代表的な指数のリターンより筆者作成

ともあり得るわけです。

そのような状態を避けるために、比率が増えたものは売却していく一方、比率が減ったものを買い増すことで、あらかじめ決めた割合に戻し、リスクを想定内に戻すというのが、リバランスの大きな目的です。いわば、ポートフォリオのメンテナンス作業ですね。

実際、どの資産が値上がりして、どの資産が値下がりするのか、事前に予測するのは非常に困難です。上図を見ていただけるとわかるのですが、毎年リターンがトップになる資産はめまぐるしく入れ替わっています。だからこそ、毎年のリバランスが必要になってくるのです。

相場の変動で崩れてしまった割合を元に戻す方法

それでは、リバランスの具体的なやり方をご紹介しましょう。

例えば国内株、先進国株、国内債券、先進国債券の投資信託を毎月1万円積立で購入したとします。最初の資産配分は、毎月合計4万円のうち1万円ずつ4つの投資信託を購入していきますので、各資産の割合は1万円÷4万円×100で25％です。

そして1年後に、国内株が24・2％、先進国株は30・5％、国内債券23・8％、先進国債券は21・4％に変動したとします。この崩れてしまった割合をそれぞれ25％に戻すことがリバランスです。

1年後の各投資信託の時価は、国内株の投資信託は14万4000円、先進国株の投資信託は15万3600円、国内債券の投資信託は12万円、先進国債券の投資信託は13万3200円となっています。合計で55万800円です。

これを元の配分に戻すのには、投資信託の時価の合計額×25％の13万7700円になるように売買したらいいわけです。

国内株でしたら、14万4000円―13万7700円＝6300円売却することにな

■最初の資産配分

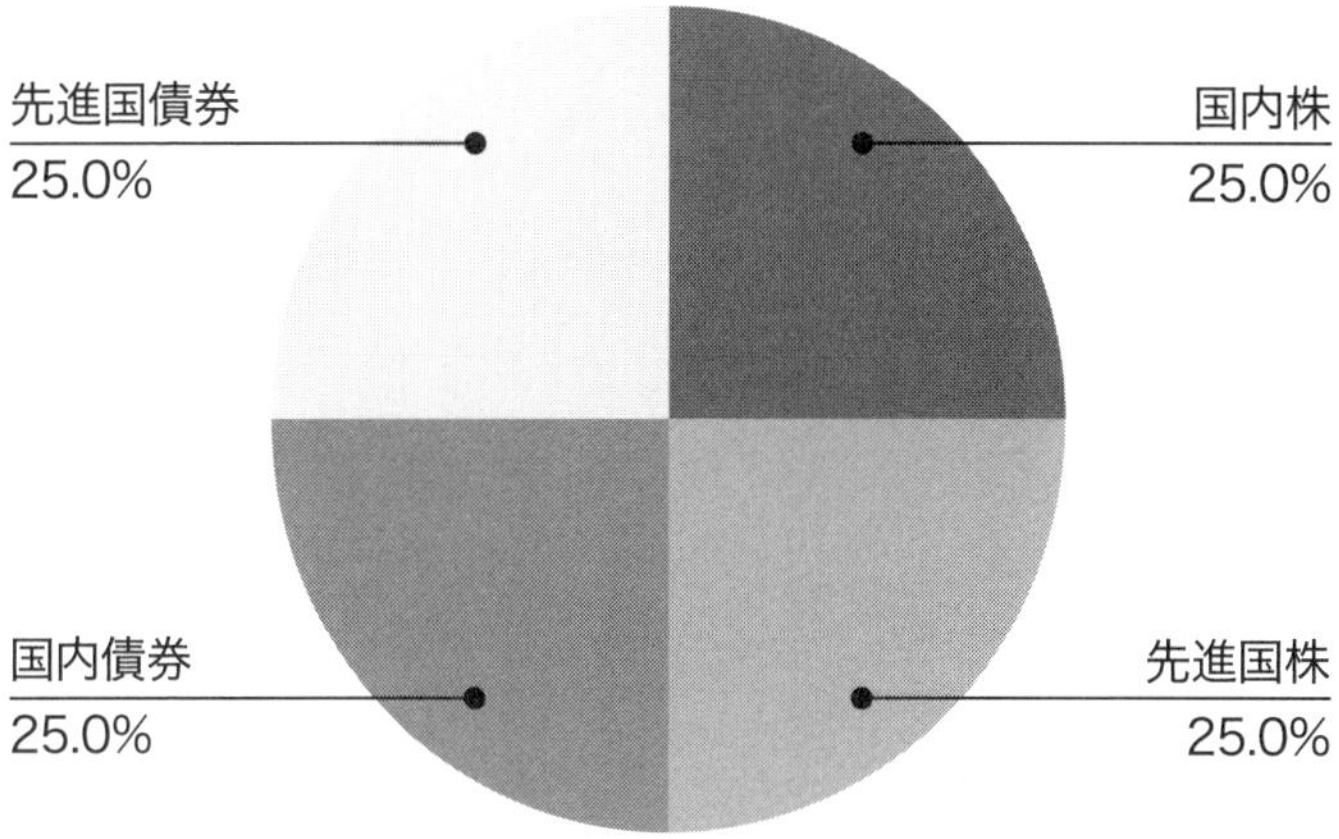

■翌年の資産配分

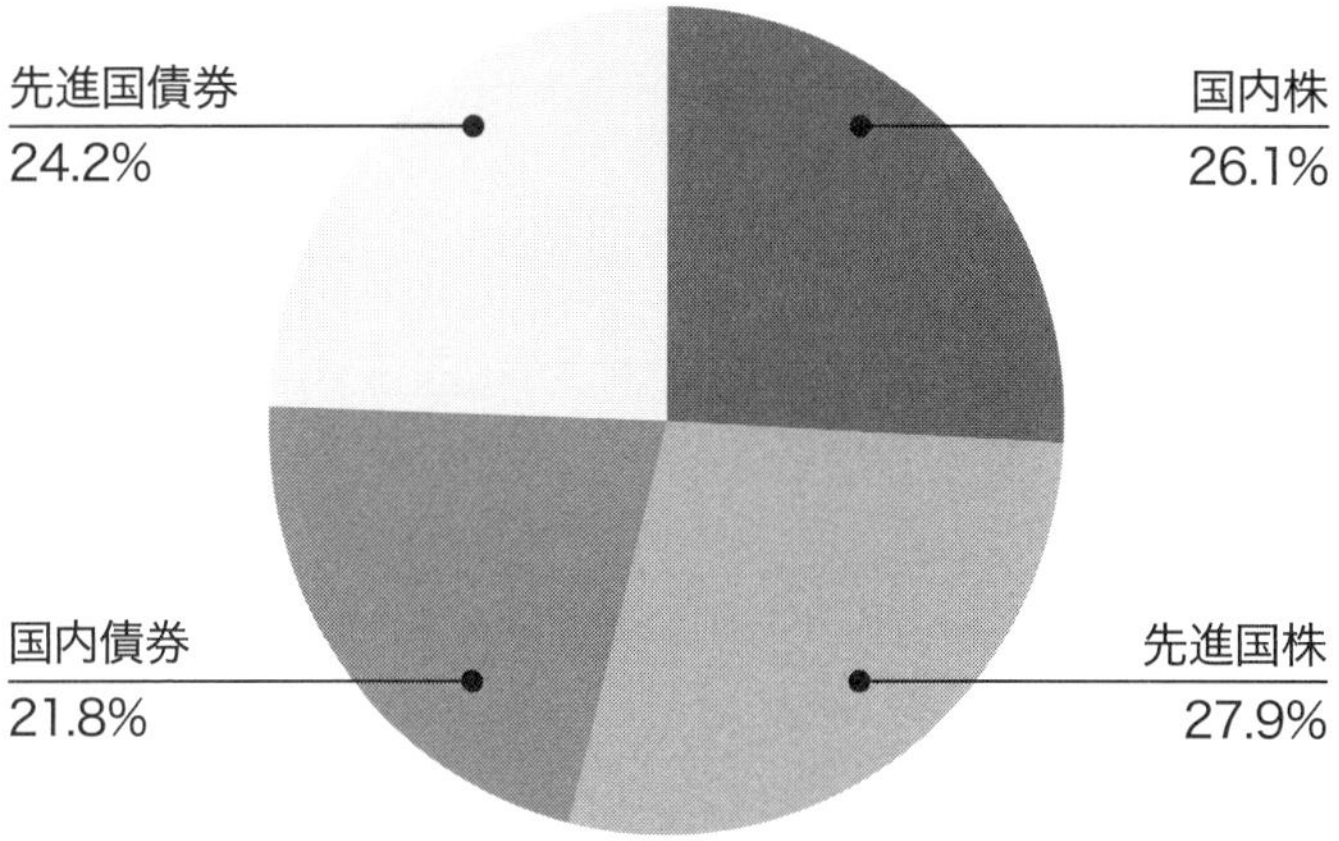

ります。先進国株は、15万3600円－13万7700円＝1万5900円売却します。そして、売却したお金で国内債券を13万7700－12万円＝1万7700円購入します。先進国債券は、13万7700円－13万3200円＝4500円分購入します。

これで、各資産の割合が25％に戻りました。

■リバランス前の各投資信託の時価

国内株式	¥144000
先進国株式	¥153600
国内債券	¥120000
先進国債券	¥133200
合計	¥550800

■リバランスの計算

25%の¥137700よりも多い場合は売却	
国内株式	¥144000-¥137700=¥6300
先進国株	¥153600-¥137700=¥15900
25%の¥137700よりも少ない場合は購入	
国内債券	¥137700-¥120000=¥17700
先進国債券	¥137700-¥133200=¥4500

2 ポートフォリオを見直してもいいでしょうか？

ひんぱんに行うべきではないが、必要なこともある

相場の変化で崩れてしまったポートフォリオの各資産の割合を元に戻すのが「リバランス」でした。これに対して、ポートフォリオの各資産の割合を根本的に見直すことを「リアロケーション」と呼びます。

繰り返しになりますが、長期分散投資の基本は、当初に決めたポートフォリオを守って、最低でも5〜10年は続けること。ですからリアロケーションはリバランスと違い、そんなにひんぱんに行うべきものではありません。

しかし、投資を開始してから10年以上たつと、いろいろなことが変化してくるでしょう。例えば家計の状況が変わったり、リスクの許容度が変わったり、家族構成が変わったりするはずです。そのような場合は、現状に合わせてリアロケーションを検

討してもいいでしょう。

つまり、これから投資を始める方や、投資を始めたばかりの方は、当面の間はリアロケーションを気にする必要はありません。投資歴が長くなってくるとリアロケーションが必要になることもある、とだけ覚えておけば十分です。

これまでの運用歴を振り返り、納得できるポートフォリオを考えよう

具体的なリアロケーションのやり方は、そんなに難しいものではありません。最初に投資を始めた時と同様に、現時点での家計の状況やリスクの許容度、家族構成を元に、新しいポートフォリオを決めればＯＫです。その際には、本書の第３章や第４章の内容を思い出してくださいね。

また、その時にはあなたも投資経験を積んでいますから、その経験を活かして独自のアレンジを加えても良いと思います。これまで資産を運用してきた中で、９マスのマス目のそれぞれの資産がどのように変化してきたのかを振り返れば、あなたなりに納得できるポートフォリオの配分が見えてくるのではないでしょうか。

ただし、極端に偏った配分のポートフォリオにしてしまうと、その後の相場次第で

は損失が大きくなり過ぎる可能性があります。ですので、安全資産である国内債券や先進国債券を、30％程度はポートフォリオの中に組み入れておくことをオススメします。

3 景気の動向を見通すにはどうしたらいいでしょうか？

景気判断の参考になるのは「金利」

第2章で、上級編として景気と投資の関係についてお話しました。景気サイクルが株式や不動産、債券の値動きに影響するということでしたね。

そして、残念ながらプロでも景気の動向を見通すのは難しい、ともお伝えしました。だからこそ、この本では景気サイクルの影響を受けにくい長期分散投資をオススメしているわけです。

とはいえ、投資をしていると、どうしても景気の動向は気になるもの。どうにかして景気の動向を見通すことはできないでしょうか？

そんな時、参考になるのが「金利」です。

金利とは、お金を借りた人が、貸した人に支払う対価のことですね。いわば「お金の借り賃」です。私たちの身近なところでは、ローンの金利や、預金の金利があります。

この金利は、景気とお互いに影響を与え合っています。

景気が良くなると、企業活動が活発になり、設備投資などが増えます。また、人々の消費活動も活発になります。すると資金の需要が増えるため、高い対価（＝金利）を払っても、お金を借りようとする企業や人が増えます。その結果、金利はどんどん上がっていくのです。

逆に、景気が悪くなると、お金を借りようとする人や企業が少なくなるため、金利は下がっていきます。

このように、景気と金利は密接に結びついているのです。

国は金利を操作して景気をコントロールしている

そして大切なのが、この景気と金利の関係を利用して、国が景気をコントロールしているということです。

そもそも金利はどのような仕組みで決まるかと言うと、そのおおもとは、それぞれの国の中央銀行が決めています。中央銀行というのは、その国の金融政策を司る機関ですね。日本なら「日本銀行（日銀）」、米国なら「連邦準備制度理事会（FRB）」、ヨーロッパ（ユーロ圏）なら「欧州中央銀行（EBC）」、英国なら「イングランド銀行（BOE）」です。

この中央銀行は、民間の銀行に資金を貸し出す「銀行の銀行」という役割を持っており、そこで貸し出される際の金利（いわゆる政策金利）を元に、民間の各銀行がそれぞれローン金利や預金金利を設定しています。

そうした仕組みを利用して、中央銀行は金利を操作し、景気を安定させようとしているのです。基本となる考え方は、次の2つです。

・インフレ（好景気）の時

景気の過熱を防ぐため、利上げを行います。金利が上昇すると、借りる人が少なくなるため、景気にブレーキがかかります。これを「金融引き締め」と言います。

・デフレ（不景気）の時

景気が停滞するのを防ぐため、利下げを行います。金利が低下すると、お金が借りやすくなるため、世の中のお金の流れが良くなり、景気が回復しやすくなります。これを「金融緩和」と言います。

景気が完全に読めるわけではないが、参考にはなる

このように各国の中央銀行は、金利を使って景気が良くなり過ぎて物価が上昇し続けるのを抑制したり、逆に景気が悪くて消費行動が停滞するのを防ぐ操作をしています。

日本では長らく「異次元の金融緩和」という超低金利政策が続いていたため、金利と景気、そして相場との関係がピンときにくいのですが、例えば米国では２０２４年７月に失業率が悪化したことで、米景気後退への懸念が高まり、翌８月に米国株の暴落が起こりました。その事態を受け、景気の安定化を図るため、９月にＦＲＢが利下げ（金融緩和）を実施しています。

もちろん、金利と景気の関係はそこまで単純なものではなく、実際には中央銀行の意図に関わらず景気が過熱していくことも、悪化していくこともあり得ます。ですから「金利を見れば景気がわかる」とまでは言い切れません。

しかし、少なくとも国（中央銀行）が今の景気をどう思っているかは、金利を見ればわかります。それだけでも、大きな判断材料の１つにはなるでしょう。

4 金利が株式や不動産、債券に与える影響を教えてください

金利が上がると株価は下がる

ここまでに「金利が景気に影響を与えること」、それに「景気が株式や不動産、債券の価格に影響を与えること」をご説明しました。と言うことは、三段論法的に「金利が株式や不動産、債券の価格に影響を与える」こともわかりますね。ここで、その関係を整理しておきましょう。

まず、株式についてです。金利の影響は、次の通りとなります。

・金利が上がった時

金利が上がると、お金を借りにくくなります。すると、企業は生産を調整したり設備投資を控えたりするようになり、事業を縮小します。また、既に借りているお金の

■金利と株価の関係

金利が上がると？	金利が下がると？
お金が借りにくくなる	お金が借りやすくなる
▼	▼
事業を縮小する	事業を拡大する
▼	▼
売上や利益が減る	売上や利益が増える
▼	▼
景気が悪くなる	景気が良くなる
株価が下がる	株価が上がる

利払いの負担も増えるので、利益も減ることになります。そのため従業員の給料やボーナスも減り、消費も冷え込みます。こうして景気は減速・後退し、企業の業績が下がることで株価も下落します。

・金利が下がった時

金利が下がると、お金が借りやすくなります。すると、企業はお金を借りて設備投資などをして、事業を拡大させます。企業の売上や利益が増えれば、雇用も増え、給料も上がるので、景気が回復します。こうして企業の業績が上がり、株価も上昇します。

金利が上がると不動産価格は下がる

次に、金利と不動産価格の関係についてご説明しましょう。これは住宅ローンの金利のことを考えると、みなさんもイメージしやすいでしょう。

・金利が上がった時

金利が上がると、お金を借りにくくなります。すると、高額な不動産ほどローンの負担が大きくなり、また金利上昇に伴い景気も悪化するので、買い手が付きにくくなります。その結果、不動産の価格は下がります。

なお、借り入れを行うリートは、金利が上昇すると支払利息が増えることになるため、リート価格にマイナスの影響を及ぼします。

・金利が下がった時

金利が下がると、お金を借りやすくなります。するとローンが借りやすくなり、また金利下落に伴い景気も良くなるので、高額な物件でも買い手が付きやすくなります。その結果、不動産の価格は上がります。

リートは借り入れを行っていますので、金利が下落すると、支払利息が少なくなるためリート価格にプラスの影響を受けます。

金利が上がると債券価格は下がる

債券については、株式や不動産よりも直接的に金利が影響します。なぜなら、金利が動けば、それに伴って債券の利率も動くからです。すると債券価格がどう動くのか、例えば額面1万円で2％の利率の付いた債券をあなたが持っているとして考えてみましょう。

・金利が上がった時

金利が上がって3％になったとしましょう。そうすると、あなたが持っている利率2％の債券の魅力は下がってしまいます。売却したくても、誰も額面通りの1万円では買ってくれないため、値下げして売ることになります。つまり、金利が上がると、債券価格は値下がりします。

■金利が上がった場合

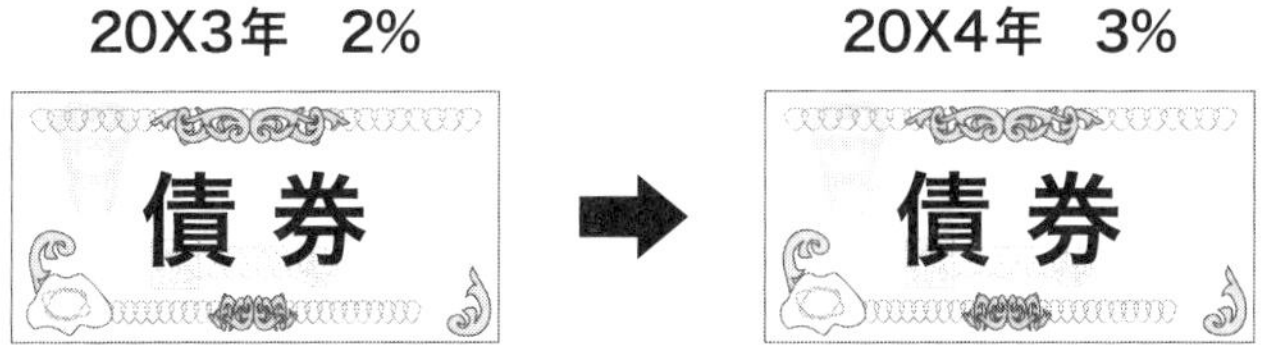

20X3年の債券は20X4年の金利が高いため、安くしないと20X4年には売れない

■金利が下がった場合

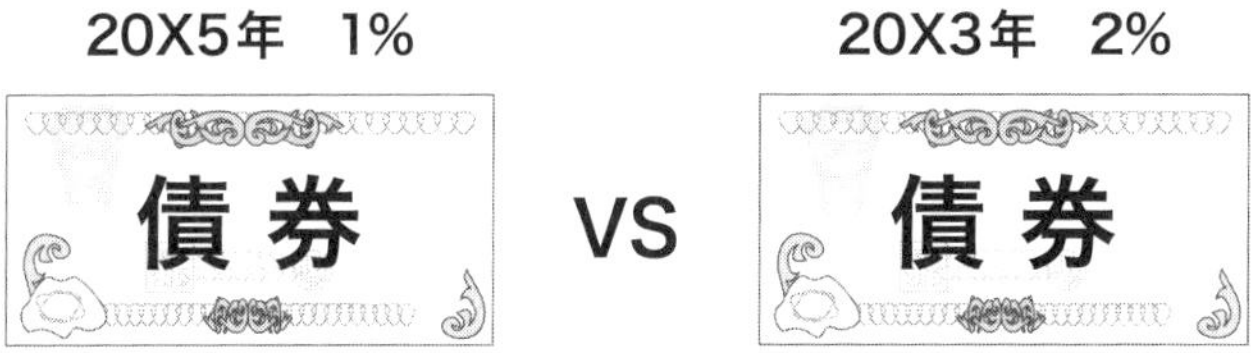

20X3年の債券は20X5年の債券よりも金利が高いため高く売れる

・金利が下がった時

金利が下がって１％になったとします。すると、額面１万円の債券では、利息は１００円しか受け取れません。ところが、あなたの保有している債券は利率２％なので、２００円も受け取れます。１００円も多く利息を受け取れるわけですから、その分だけ高い値段を付けても、その債券を購入してもらえる可能性が高くなります。つまり、金利が下がると債券価格が上がります。

株式や不動産と債券では、金利の影響が出るまでの時間が違う

ここまで読んで「あれ？」と思った方は鋭いです。

金利が上がると、株式も不動産も債券も値段が下がります。しかし、第2章では「景気の変動に伴い、債券は株式や不動産とは逆の方向に価格が変動する」とご説明しました。これは一見矛盾しているように思えます。

なぜこのようなことが起こるかと言うと、金利が動いてから株式や不動産、債券の価格が動くまでの時間に、差があるからです。詳しく説明しましょう。

・金利が上がった時

先にご説明したように、金利が上がれば、それは直接的に債券の利率に反映されるので、すぐに債券価格は下がります。つまり、金利の上昇局面では債券価格は下落を続けます。

一方、株価はどうかと言うと、そもそも金利の上昇局面というのは景気の回復期ですから、その時点では株価は上昇しています。その後、金利の上昇が景気にブレーキ

をかけ、景気後退期へと転じていく中で、株価も徐々に下がっていきます。つまり、金利の上昇が株価の下落を引き起こすまでには、タイムラグがあるわけです。

このため、金利上昇局面では債券安・株高となります。

・金利が下がった時

逆の場合も同様です。金利が下がれば、すぐに債券価格は上がります。つまり、金利の下落局面では債券価格は上昇を続けます。

一方、景気が悪くなる時は金利の下落局面ですから、その時点では株価は下落しています。その後、金利の下落が景気を刺激し、景気回復期へと転じていく中で、株価も徐々に上がっていきます。

このため、金利下落局面では債券高・株安となります。

なお、不動産の価格については、ほぼ株価と同様の動きをします。いくつかの研究では株価に1年程度遅れて不動産の価格が連動すると言われていますが、これは現物の不動産価格についての話です。投資信託で不動産に投資する場合には、実際には現

■金利と景気サイクルが株価に与える影響

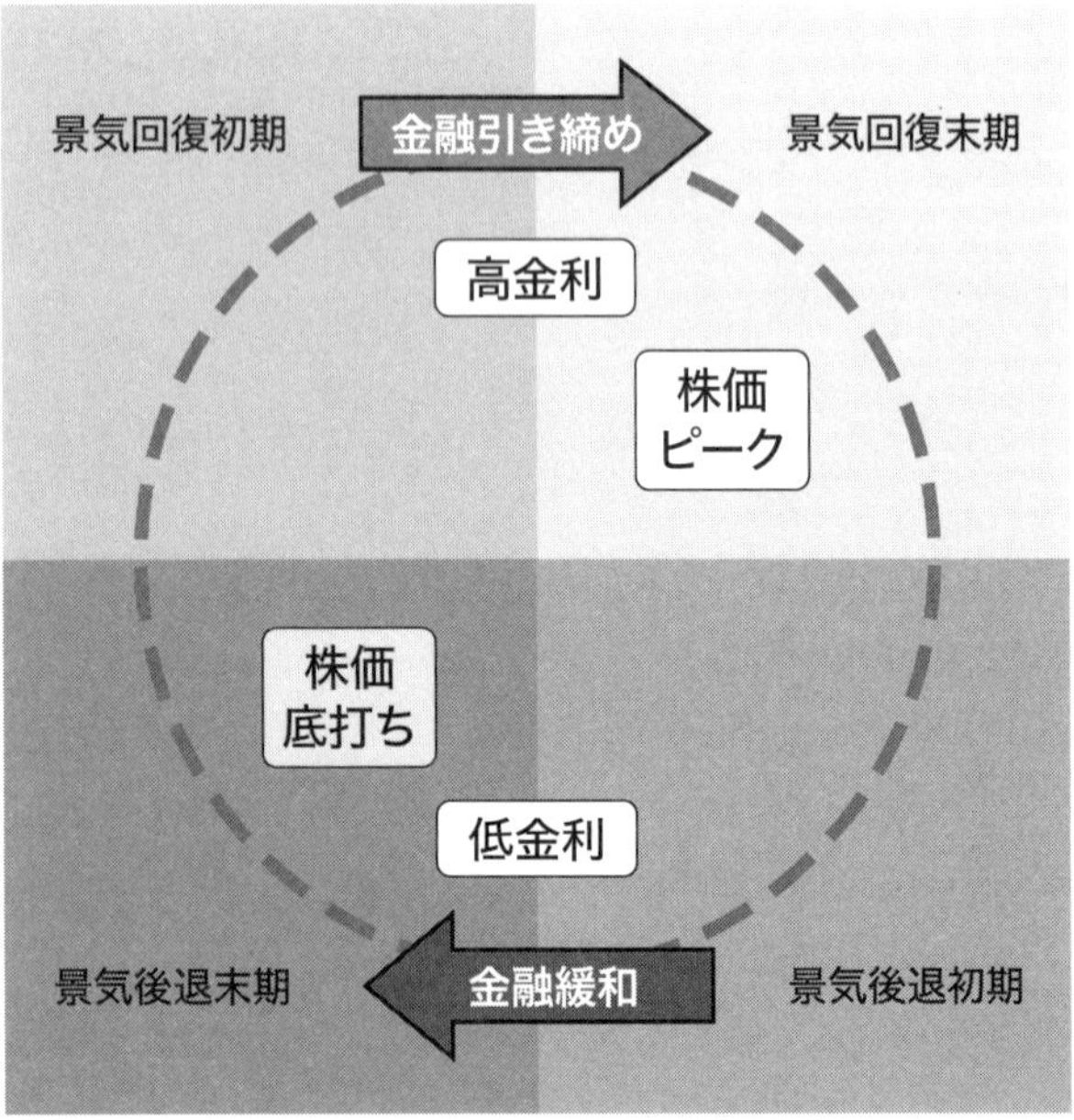

物の不動産ではなくリートに投資することになるので、じゃっかん値動きのタイミングが異なります。実際、過去のデータによるとリートの方が株式よりも数か月早く下がるというケースも数回あります。

5 金利が海外投資に与える影響を教えてください

金利差が為替を動かし、海外投資に影響を与える

先に説明したように、金利のおおもと（政策金利）は、その国の中央銀行が決めています。つまり、国によって金利は違うと言うことです。金利が高い国もあれば、安い国もあります。例えばメキシコペソやトルコリラなどは、高金利通貨として有名です。一方、日本円は、今のところ世界的に低金利通貨と言えるでしょう。

そしてこの各国の金利差が、為替相場にも影響します。例えば、米ドルと日本円の場合で見てみましょう。

・金利差が開いた場合

米国の金利が上昇して、日米間の金利差が広がると、日本の金融商品よりも、米国

の金融商品の方が有利になります。例えば米ドル建ての外貨預金の金利が、日本円の定期預金の金利に比べて非常に高いのを見て、驚いた方もいらっしゃるのではないでしょうか。

そのような状態になると、誰しも大切なお金をより有利な条件で運用したいので、多くの投資家が円をドルに換えて、米国の金融商品を購入するようになります。その結果、ドルが買われ円安になります。

・金利差が狭まった場合

こちらについては、過去の金融政策を例に説明しましょう。リーマンショック後、2009年から2014年にかけて米国は3度、量的緩和策を実施し、政策金利を引き下げました。この時は、米国市場にインフレ期待が発生して、物価が徐々に上昇していました。ところが、当時の日本ではデフレが続いていて、物価の下落が続いていたのです。その結果、米国の実質金利は低めに、日本の実質金利は高めに推移した結果、為替は円高に振れました。当時のドル円は1ドル90円台から70円台とかなりの円高でした。

■為替相場と投資の関係

	債券	不動産	株式
国内	① 円高なら値上がり	②	③ 円安なら値上がり
海外先進国	④ 円安なら値上がり	⑤	⑥ 円安なら値上がり
海外新興国	⑦	⑧	⑨

このように、米国と日本の金利差が拡大すれば円安の要因となりますし、金利差が縮小すれば円高要因となります。そして、こうした為替の変動は当然、海外投資に影響を与えます。9マスのマス目で言うと、円安ならば③国内株、⑥先進国株、④先進国債券が値上がりしますし、円高ならば①国内債券が上がります。

もっとも影響力があるのは米ドルの金利

このように、金利というのはその国の経済に対してだけではなく、為替相場を通じて世界経済にも影響を与えます。では、世界各国の金利の中で、もっとも影響力がある金利はどれでしょうか？

それは、米国の金利です。

なぜなら、米国は世界最大の経済大国・消費大国であり、米ドルは国際取引で決済手段としてもっとも使われている「基軸通貨」だからです。

ちなみに米国への輸出国の代表は、中国やメキシコ、カナダです。日本も上位に入っています。そのため、これらの国にとって米国の金利動向と、それに伴う為替変動は大きな意味を持ちます。米国の金利が上がってドル高になれば、これらの国の貿易黒字が拡大し、逆に米国の金利が下がってドル安になれば、これらの国の貿易黒字は縮小するからです。

実際に、中国やメキシコなどの新興国株式市場が、過去の米国の利上げ局面でどのような動きとなったのか確認してみましょう。米国は２００４年６月から２００６年６月にかけて４・25％の利上げを実施しました。この時期、新興国株式の騰落率は70・１％（２００４年５月末から２００６年６月末）と大きく上昇しました。

また逆に２０１３年５月にバーナンキ元ＦＲＢ議長が金融緩和を縮小すると言及した際には、新興国株式市場は大きく下落しました。

■景気サイクルと金利・為替の関係

景気回復初期	
株価	株式相場の将来の期待先行で上昇
金利	設備投資、住宅投資などの資金需要が高まるに伴い上昇
米ドル	徐々にドル高へ
景気回復末期	
株価	買いが買いを呼ぶこともあり、実際の企業の実力以上に上昇することも
金利	インフレ対策のため中央銀行による利上げ
米ドル	ドル高（円安）
景気後退初期	
株価	景気後退の気配を先取りして下落
金利	消費行動が控えられ、資金需要が減り下落
米ドル	ドルが売られはじめドル安へ
景気後退末期	
株価	株価は底打ち
金利	中央銀行の利下げにより下がる
米ドル	ドル安（円高）

このように米国の金利は海外経済、特に米国の貿易相手国の経済に大きな影響を与えてしまうのです。投資をするなら、たとえ米国には投資しなくても、米国の金利の動向には気を配っておきたいですね。

おわりに

2000年代初頭の頃、私がはじめてネット証券会社に口座を開設した頃は、周りで投資をしている方は、ほとんどいませんでした。銀行のネットバンキングでさえ、やっている方は一部だった頃です。

そんな状態ですから投資信託を購入するのもとても怖くて、いろいろ調べた末に購入しようと思っていた投資信託も、すぐには購入できませんでした。あまり意味のないことですが2カ月くらい投資信託の基準価額の記録をしたりして、どのくらい値動きがあるのか毎日調べたりしてから、やっと購入できたのです。

また、今では投資信託を積立で購入するのは当たり前になっていますが、当時は積立で購入できる証券会社も少なく、積立の設定も投資信託1銘柄につき1万円からの設定でした。

そんな小心者の私でも資産運用に成功し、子どもの夢を叶えてあげることができました。預金だけでは学費が足りなくなると試算して投資をスタートしましたが、安全性を確保しつつも思った以上にお金が増えていったのです。

そして、2016年に1冊目の書籍を執筆した当時「目指すのは1億円」と書いていましたが、実際にその8年後には金融資産だけで1億円を突破しました。

もちろんそれは会社員の時よりも収入が増え、貯蓄に回せる資金も多くなったこともあって実現できたことでもあります。

しかし金融機関に勤めたこともなく、大学で経済を学んだわけでもない普通の主婦が、子どもの夢を叶えてあげたいという一心だけでたどり着くことができたのです。あなたもきっと安全性と収益性を保ちながら資産を増やしていけるでしょう。


重要なことは、1つだけ。「行動」するということです。

投資は魔法では、ありません。ゼロに10や100をかけてもゼロなのです。まずは1円でも多く投資できるお金を確保することです。

世界一の投資家として名高いウォーレン・バフェット氏は次のように話しています。

「早いうちから貯蓄することを学ばないのは、大きな間違いだ。なぜなら、貯蓄は習慣だからだ。ゆっくりお金持ちになるのはたやすいが、手っ取り早くお金持ちになるのは極めて難しい」

まさにその通りで、「貯蓄は習慣」なのです。そしてバフェット氏が言うように「手っ取り早くお金持ちになるのは極めて難しい」のです。

また、「ない」ものに注目して「ある」ものを大事にしない人は、考え方を変えてみましょう。

例えば来年、自分の子どもが大学に進学することになったとします。大学の学費は4年間で500万円必要です。そして現在の貯金は100万円あります。あなたは、「100万円しかなくて不安」と考えるか「100円あるからなんとかなる」と考えるのか、どちらでしょうか。

どちらが正解ということではありませんが、ネガティブに考えると、あまり良い方向に進まないのも事実です。楽観的過ぎるのもよくありませんが、ネガティブに考え過ぎると誤った行動を取りがちなので気を付けてください。

100万円をどう考えるのかは、自分次第で決まるものです。

大学の4年間で500万円くらい必要だったとしても、一度に500万円が必要になるわけではありません。100万円あれば、受験費用と入学金はなんとかなりそうなのだから、今年は頑張って貯金して初年度の授業料のもう１００万円を準備したらいいのです。

「５００万円必要なのに１００万円しかない」「これだけでは足りない」と「ない」「ない」を数えてネガティブな感情を大きくする人と、「とりあえず受験はできる」「入学金もなんとかなる」と「ある」「ある」とポジティブに考えて前向きな人。どちらの人の方が、幸福感を感じるでしょうか。明らかに後者ですね。

「ある」「ある」と考えられれば「来年まで頑張ってもう１００万円貯めよう！」と、前向きに考えられます。毎月の収支を細かく点検をしてムダを徹底的になくして、毎月の貯蓄額を増やせれば１００万円を貯金できる可能性は高くなります。

ところが「ない」「ない」の感情でいると「どうにかこの１００万円を増やせないか？」と焦って、リスクを取った投資をしてしまうこともあります。その結果、お金を減らしてしまうのです。

来年使う１００万円ならば、どう考えても投資に回せるお金ではありません。ところが「ない」「ない」と、「ない」ものを数える人は、そんな当たり前のことも見えなくなってしまうのです。

お金の計画を立て、ゴールから逆算して資金を準備することは大事です。そしてお金についての「心の習慣」も大切です。お金を大切に、そして気持ち良く使えれば幸せなお金持ちになれるでしょう。


私も以前は赤字家計でした。それでも1億円を貯蓄できたのです。

ネガティブに考えてしまいそうな時や、行動が止まってしまいそうな時には、もう一度この本を読んでみてください。最初に読んだ時には見つからなかったヒントが得られるはずです。

そして、この本を最後まで読んでいただいたことに、感謝いたします。素晴らしい成功とお金の心配がなくなる幸せが、あなたのものになることを願っています。そしていつか、遠くない未来に、直接お目にかかれる日を楽しみにしています。

2025年3月

川畑明美

特別な読者プレゼント

9マス分散式メソッドを使って「全世界の資産」に投資をしたい！　本書のノウハウを具体的にどう進めたらいいのかを動画にしました。赤字家計の筆者がどのようにして2,000万円を貯蓄したのかを動画で公開しています！

本書を読んでいただき、ありがとうございます。
特別な読者プレゼントのご案内です。筆者が赤字家計から2000万円を貯蓄できた手法を２時間の無料セミナーで公開。
内容は下記の通りです。

・老後のお金のつくり方とは?!
・子どもの教育費の貯め方とは?!
・毎月のお小遣いの増やし方とは?!
・まとまったお金を損せず資産運用する方法とは?!

LINE 登録すると２時間の無料セミナーをご視聴いただけます。

今すぐLINEで登録

スマートフォンでLINEのアプリを開き、ホームから「お友達追加」をタップください。そのページのQRコードをタップして、左のQRコードを読み込んでください。パソコンから検索する場合は、「https://bit.ly/4iohRwE」で検索してください。

※本プレゼントは著者が独自に提供するものであり、出版元はいっさい関知いたしません。あらかじめご了承ください。

■著者紹介

川畑明美（かわばた・あけみ）

◎教育費研究家。ママを応援する！投資コーチ。
AFP認定2級ファイナンシャルプランニング技能士。
コーアクティブコーチ。

◎群馬県出身。東横学園女子短期大学家政学科食物栄養学専攻卒業後、ワールドフォトプレスに11年勤務。結婚・出産後、小規模な出版社、パッケージデザイン会社の経理を経て、2013年にFP資格を取得して独立起業。

◎長女の教育費がきっかけで赤字家計を克服し、投資信託の積立投資で6年間で2,000万円ほどの貯蓄に成功。現在では金融資産だけで1億円を突破、アパート2棟と戸建ての不動産も保有する。家政学科出身で、金融機関に勤めたことのない自分でも不労所得を得られた経験を活かしファイナンシャルプランナーとして活動し3,000世帯以上の家計と投資の相談を受けている。

◎フジテレビ『スーパーニュース』、青春出版『BIG tomorrow（ビッグ・トゥモロウ）』などメディア取材実績多数。著書に『元手ゼロ、毎月5万円で1億円つくる！9マス分散式ではじめる積立投資信託』（ソシム）がある。

NISA《ニーサ》はオルカン・S&P《エスアンドピー》だけで大丈夫《だいじょうぶ》？と思《おも》ったら読《よ》む9マス分散式投資術《ぶんさんしきとうしじゅつ》

発行日　2025年　5月10日　第1版第1刷

著　者　川畑《かわばた》　明美《あけみ》

発行者　斉藤　和邦
発行所　株式会社　秀和システム
〒135-0016
東京都江東区東陽2-4-2　新宮ビル2F
Tel 03-6264-3105（販売）Fax 03-6264-3094
印刷所　三松堂印刷株式会社　Printed in Japan

ISBN978-4-7980-7526-6 C0033